아세안랩

김시은

김시은

　미국 메릴랜드 주립대학교 형사학과를 졸업하고, 영국 맨체스터 대학교에서 '인권을 기반한 개발'을 논문 주제로 하여 국제개발학 석사학위를 받았다. 현재, 고려대학교 국제개발학 박사과정을 수료 후 '아세안 문화개발협력' 관련 박사 논문을 작성 중이다.

　2010년부터 2012년 초까지 외교부 부산 세계개발원조총회 준비기획단에서 근무하고, 2013년부터 지난해까지 외교부 아세안협력과 내에서 한-아세안 협력사업을 관리하는 전문관으로 근무하였다. 현재는 한-아세안 협력사업 컨설팅 및 아세안 관련 정보 제공을 주 업무로 하는 아세안랩(ASEAN LAB)을 창업하여 운영하며, 아세안 전문가로 성장하고 있다.

　(미국 메릴랜드주 수잔리 하원의원 표창, 2012년 외교통상부장관 표창, 2017년 외교부장관 표창을 받았다.)

　아세안랩 홈페이지 www.aseanlab.co.kr
　아세안랩 블로그 blog.naver.com/aseanlab

아세안랩
ASEAN LAB

외교부 아싸^(아웃사이더)로 들어가 아싸^(아세안 사랑) 된 이야기

김시은 지음

gasse•가쎄

차례

자서

민간인 신분으로 대한민국 외교부 아세안협력과에서 7년여간 근무하면서 직접 보고 느낀 것을 기록한다. 한-아세안 관계의 중요성과 발전 과정, 그리고 무엇보다 아세안이 지닌 매력을 실무 경험 중심으로 적고자 한다. 또한, 외교 당국자뿐만 아니라 일반인들에게도 널리 알려진 한-아세안 협력기금에 대해 자세히 설명하고, 기금의 성격 및 사업 제안 방법 등 구체적인 내용에 대해서도 정보를 공유하고자 한다.

　이 책은 공공분야뿐만 아니라 민간분야 등 갈수록 그 중요성이 확대되고 있는 아세안 관련 분야에서 일하고 싶은 사람들을 위해 기획되었다. 미래에 아세안 관련 분야에 종사하고 싶은 대학생, 아세안에 관심이 있는 일반인, 현재 아세안 관련 분야에서 일하고 있는 공무원 등 아세안 여러 나라에 꿈과 직업, 비즈니스를 접목하고자 하는 사람들에게 자료 제공은 물론 미래의 동반 협력자로서 아세안의 가능성을 보여줄 것이다. 한-아세안 협력사업에 관심 있는 기관 담당자 등에게 한-아세안 협력기금 관련 매뉴얼은 자료 이상의 가치를 지닐 것이다.

● 추천사

먼저 김시은 전문관의 '아세안랩' 출판을 진심으로 축하하며, 환영한다.

그가 이미 퇴직하고 새로운 신분으로 또 다른 아세안의 길을 걷고 있지만, 아직 김시은 씨보단 김시은 전문관으로 부르는 게 나에겐 익숙하다.

그와 내가 외교부에서 한국과 아세안 관계 발전을 위해 함께 고민한 지난 7년간 나에겐 그는 늘 김시은 전문관이었기 때문이다.

추천사 요청받고 흔쾌히 수락해야 할 마음과 주저함이 동시에 들었다. 그 주저함은 이제 아세안을 떠나 멀리 이곳 멕시코에 있어 좀 생뚱맞을 수도 있다는 생각 때문이었다.

그런데 내가 첫 장부터 마지막까지 원고를 읽으면서, 아세안에 대한 그의 열정을, 그가 현장에서 쓴 기록의 소중함을, 마지막은 그의 중요한 시기마다 내가 함께했음을 확인했기에 추천사를 쓰지 않을 수 없었다.

또 한편으로는 나 자신이 아세안에 20여 년 몸담아 오며 아세안 책을 단권으로 내지 못한 게으름에 대한 반성과 대리 만족도 함께 작용했다.

이 책의 핵심은 우리 대아세안 외교의 주요 외교자산인 한-아세안 협력기금을 어떻게 하면 효과적으로 잘 활용할 수 있을지 현장에서 보고 느끼며 실무적으로 쓴 매우 유용한 책이다. 또 이 책에는 아세안 이해를 그의 관점에서 알기 쉽게 풀어쓴 정보도 담고 있다.

● 추천사

문재인 정부는 신남방정책하에 아세안을 우리 외교의 4강에 버금가는 중요한 한 축으로 격상 시켜 놓았다. 대표적 행사로 2019년 11월 부산 한-아세안 특별정상회의가 성공적으로 개최되었고, 이 정상회의 성과사업으로 한-아세안 협력기금이 연 1천 4백만 불로 증액되었다.

아세안은 우리의 정부 교체 시마다 우리의 아세안 협력 지속성을 확인하곤 했다. 이제 협력기금이 이 만큼 증액되고, 이 기금이 한-아세안의 풀뿌리 협력 기반으로 제도화된 만큼, 아세안도 지금부턴 한 치 의심하지 않을 것으로 본다.

오히려 우리가 가진 이 기금을 어떻게 하면 효과적으로 활용할지 고민하고 연구하는 데 방점을 찍을 때다. 그런 측면에서 김시은 전문관의 '아세안랩'은 아세안과 한-아세안 협력기금에 관심이 있는 분들께 유용한 길라잡이가 될 것으로 본다.

제1부

아세안을 돌아보다

제1장 아세안의 늪

아세안, 운명적인 만남

2011년, 한-아세안 협력기금을 관리하는 한-아세안 협력 사업팀 전문관 공고를 우연히 보게 되면서 아세안에 대한 인식이 나에게 스며들었다. 그전까지 아세안이라는 단어는 내게 그리 친근하게 느껴지지 않았다. 2009년 제주도에서 개최된 제1차 한-아세안 특별정상회의에 대한 막연한 기억 속에 존재할 뿐이었다. 다만, 2011년 당시 부산 세계개발원조총회 준비기획단에서 근무하고 있었는데, 이때 동남아시아 지역과의 개발협력 관계가 우리에게 얼마나 중요한지

몸소 체험하고 있던 터라 동남아시아와 아세안에 대한 관심을 조금씩 키우고 있던 시기일 뿐이었다.

사실, 국제개발협력 전공자로서 당시 한국에서 근무할 수 있는 곳은 그리 많지 않았다. 개발협력 전공자는 크게 정책 수립 및 시행을 총괄하는 업무와 현장에서 직접 부딪히는 업무로 나눌 수 있다. 예를 들어 우리나라에서는 국무총리를 위원장으로 하는 국제개발협력위원회에서 국제개발협력 정책의 큰 틀을 만들고 있으며, 외교부에서는 무상원조, 기재부에서는 유상원조에 대한 세부 정책 수립 및 시행을 총괄하고 있다. 더불어 한국국제협력단(이하, KOICA) 본부는 무상원조 시행을 위한 전략을 수립하고 해외사무소는 현지에서 직접 사업을 시행하고 관리한다. 또한, 개발협력 관련 NGO 및 국제기구의 해외사무소 등에서도 현장 업무를 시행한다.

개인적 성향상 현장보다는 정책과 사업을 관리할 수 있는 분야에서 일을 하고 싶었고, 외교부가 그러한 업무를 진행할 수 있는 가장 적합한 곳이라는 판단이 들었다. 외교부는 알려진 바와 같이 지난 2012년 외교안보연구원을 개편하여 발족한 국립외교원에서 폐지된 외무고시를 대체해 외교관을 선발하고 있다. 개발협력분야는 5급을 채용하고 있는데, 내가 과연 공무원으로 적합한 인물인가 의구심도 들었고 솔직히 시험 자체를 준비할 자신이 없었다. 통상 외교부 인력은 국립외교원(전 외무고시) 5급 공채 및 7급 외무 영사직 공채시험을 통해 입부한 사람들이 주를 이루고 있다. 그 외에 9급 주무관, 민간 실무관 및 민간 전문가(연구원, 전문관 등) 등으로 구성되어 있는데, 바로 이 민간 전문관 자리가 내가 지닌 능력과 외교부에서 원하는 조건이 서로 맞는 자리였다.

외교부의 다양한 파트 중에서 국제개발협력 전공자가 갈 수 있는 자리는 개발협력국 내 세 개 과가 적합한데, 이곳에는 주로 특채로 전문가를 뽑거나 KOICA에서 파견 나온 인력이 있어 연구원 자리는 결원이 잘 나오지 않았다. 그 외에 우리나라가 원조를 제공해 주는 수원국(a recipient country)과 협력하는 지역국 내 일부 과(아프리카과, 중남미 협력과, 아세안협력과)에 자리가 생기곤 했다.

앞서 설명한 바와 같이 부산 세계개발원조총회 준비기획단에서 근무하면서 한국에 있어 동남아시아 지역과의 개발협력이 얼마나 중요한지 깨닫고 있었기 때문에 아세안협력과에 눈길이 갔다. 아세안협력과에서 채용하는 전문관 자리는 다른 자리와 달리 외교부 직원 형태가 아닌 아세안사무국에서 별도 파견 나온 형태였다. 월급도 기금에서 받고 한-아세안 협력기금을 직접 관리하는 별도의 조직과 같았으므로 외교부에서 근무하는 동시에 국제기구에서도 근무하는 간접 경험을 할 수도 있어 더욱 이끌렸다.

그래, 이거다. 소위 말하는 필이 왔다. 이 자리는 붙박이였기 때문에 그 자리에 결원이 생겨야만 근무할 수 있는 기회가 생긴다. 2011년 모집 공고를 보았을 때에는 부산 세계개발원조총회 준비기획단에서 근무를 하고 있던 터라 그 기회를 놓쳤었다. 이후 다음 기회를 기다리며 고려대 국제대학원

박사과정에 등록하여 동남아시아 지역학 및 인권을 기반으로 한 개발 위주 수업을 듣고 공부하였다. 마침내 2013년 7월, 예상했던 것보다 빠르게 기회를 얻게 되었다.

간절했던 기회, 각별했던 각오

나는 운이 좋았다고 항상 이야기한다. 나중에 들은 이야기이지만, 최종 두 명이 남아 엎치락뒤치락하였는데 상대방은 나보다 영어가 우수했고 나는 전문성과 면접에서 점수가 더 높았다고 했다. 윗분은 상대방을 선호하였으나 함께 일을 하게 될 실무 직원들이 영어보다는 전문성과 적극적인 성격이 더 중요하다고 그분을 설득했다고 한다. 나는 내가 가진 능력을 증명하기 위해, 나를 선택한 분들에게 실망을 주지 않기 위해 정말 열심히 일했다.

첫 근무 당시, 나는 다음과 같은 세 가지 각오를 했다. 첫째 최소 3년 이상 일하면서 전문성을 쌓자, 둘째 외교부에서 경험할 수 있는 최대한의 경험을 하자, 셋째 아세안 10개국을 직접 둘러보자. 다행스럽게도 2019년 12월 퇴사할 때까지 세 가지 각오를 모두 이루게 되었다.

첫째, 최소 3년 이상 일하면서 전문성을 쌓자

이전 전문관들이 평균 2년을 일하면서 이 자리는 더 나은 자리를 위해 잠시 스쳐 지나간다는 인식이 많았는데, 내 생각은 달랐다. 충분히 특수성과 전문성을 갖출 수 있으며, 더 이상 여기보다 나에게 적합한 자리는 없을 것이라는 스스로의 믿음을 지키고 싶었다. 근무하면서 업무 외에 다른 슬럼프가 찾아와 퇴사 위기를 몇 번 겪긴 했지만, 결국 이 정도면 어디 가서도 자신 있게 나의 전문성을 이야기할 수 있겠다고 생각한 시기에 퇴사했다. 한-아세안 협력기금 개선 업무가 마무리되는 시기, 그리고 한-아세안 특별정상회의를 두 번 경험할 수 있었던 것은 소중한 경험적 자산인 동시에 새로운 도전을 위한 계기가 되었다. 2019년 12월, 나는 정들었던 회사를 나오게 되었다.

둘째, 외교부에서 경험할 수 있는 최대한의 경험을 하자

The 1ˢᵗ Mekong-Republic of KOREA Summit

Nov. 27, 2019   Busan, Korea

2019년 부산에서 개최된 한-아세안 특별정상회의 및 제1차 한-메콩 정상회의

　　외교부에서는 다른 직장에서 경험할 수 없는 특별한 경험을 많이 할 수 있는데 이러한 경험들이 추후 나에게 소중한 자산이 될 것이라고 믿었다. 외교단 행사, 고위급 행사 등 내가 참여할 수 있는 행사들은 대부분 참여하려고 했고, 업무적으로도 배울 수 있는 최대한의 업무를 배웠다. '내가 참여해도 될까'라는 소심한 생각을 버리고 적극적으로 기회를 잡은 덕분에 외교장관 표창, 아세안 전문가 인터뷰 등 민간인으로 외교부에서 경험하기 힘든 최대한의 경력을 쌓을 수 있었으며, 이 모든 경험들이 책을 쓰는 밑거름이 되었다.

2015년 말레이시아에서 개최된 아세안 관련 정상회의

셋째, 아세안 10개국을 직접 둘러보자

아세안 10개국을 가보지 않고 어디 가서 아세안 업무를 한다고 이야기할 수는 없을 것 같았다. 근무하는 동안 분기별 한 번씩 약 25번의 출장 기회가 있었는데, 이 중 1/3은 아세안사무국이 있는 인도네시아 자카르타로 출장을 갔다. 한-아세안 협력기금에 대해 논의하는 한-아세안 공동협력위원회(Joint Cooperation Committee, JCC) 실무회의(Working Group)가 매년 상반기 아세안사무국 내에서 개

아세안 창설 50주년인 2017년 필리핀에서 개최된 아세안 관련
외교장관회의

최되기 때문에 1년에 한 번은 무조건 가야 했다. 그 외에 기금 운영방식 변경 등에 따른 아세안 측 동의를 얻기 위해 자카르타로 날아가 아세안사무국과 주아세안 10개국 대표부를 설득해야 했기 때문이다.

자카르타 외에 한-아세안 협력기금 설명 워크숍, 한-아세안 언론인 교류사업 일환으로 외교부 출입기자 동행 등 기금 관련 출장과 한-아세안/메콩 관련 고위급회의, 외교장관회의, 정상회의 등 다양한 업무 출장을 다니며 10개국을 모두 경험할 수 있었다. 마지막 방문국인 브루나이는 못 가보고 퇴사할 뻔했으나 나의 꿈을 응원해준 상사의 배려로 브루나이 출장에 합류하게 되어 가까스로 입사 시 다짐했던 세 가지 목표를 달성하게 되었다.

아세안, 매력의 늪

"나는 아세안이라는 매력적인 늪에 빠졌다." 이 말은 2017년 11월 어느 인터뷰에서 내가 한 말이다. 문재인 대통령이 주창한 '신남방정책' 이후 아세안 국가들의 주목을 받았던 외교부 아세안협력과에서 가장 오래 근무한 자격으로 하게 된 인터뷰에서 한 말이다. 전임자와 인수인계를 할 때 들었던 인상적이었던 말이었는데, 전임자는 내게 아세안은 늪과 같아서 한번 발을 들여놓으면 빠져나가기 쉽지 않을 것이라고 했다. 그때는 그것이 어떤 의미인지 알지 못했는데 지금 생각해보니 좋은 의미의 '늪'에 빠진 것 같다.

외교부 내에서도 아세안협력과는 업무 특성상 동남아과 등에서 근무한 직원들이 합류하듯 만나는 곳이기도 했다. 외교부 내에서 '아세안의 아버지'로 통하는 서정인 대사의 경우 첫 근무 당시 남아태국장이었는데 이후 주아세안대표부 대사, 2019년 한-아세안 특별정상회의 준비기획단장까지 맡으면서 줄곧 '아세안의 늪'에 빠진 한국의 '아세안러'들을 이끌어주고 있다.

내가 아세안협력과에 근무할 당시 과에서는 함께 하지 않았으나 남아태국 심의관, 국장으로 모신 유정현 현 주이란 대사, 주아세안대표부 대사로 재직하며 2019년 한-아세안 특별정상회의 한국 개최를 이끈 주역 중 한 사람인 김영채 대사 모두 아세안협력과장으로 재직한 이력이 있다. 퇴사 전 마지막으로 모신 아세안국 박재경 심의관(현 아세안국장) 역시 아세안협력과장을 거쳤다.

입사 시 나의 면접 심사에 참여했던 이상렬 당시 아세안 협력과장을 남아태국 심의관으로 다시 만나게 되었고, 2차

전화 영어 면접을 담당했던 당시 동남아과 정의혜 차석은 2014년 한-아세안 특별정상회의를 준비하던 시기에 아세안 협력과장으로 만난 인연이 있다. 현재는 신남방정책 특별위원회를 거쳐 아세안국 심의관으로 또다시 컴백하였다. 또한 2014년 전원 여성들만 근무하던 아세안협력과 시절 동고동락하던 김혜진 당시 아세안협력과 차석은 주베트남 대사관을 거쳐 신남방이 요동치던 2018년 아세안협력과장으로 컴백하였고, 현재는 한-아세안센터 외교부 파견 인사로 근무하고 있다.

사람 좋다는 소문이 자자한 권재환 현 아세안대표부 공사는 아세안협력과 차석으로 근무할 당시에는 함께하지 못했으나 2016-17년 2년간 아세안협력과장으로 근무하면서 신남방정책의 물꼬를 텄다. 이후 주아세안대표부 공사로 자리를 옮겨 '포스트 서정인'으로 '아세안러'의 과정을 착실하게 밟으며 아세안의 늪에서 헤어 나오지 못하고 있다.

사실, 아세안협력과 업무가 쉽지는 않은데도 불구하고

서울 **Pn**

[라이프 톡톡] 아세안 '매력의 늪' 속에서 한국외교 꽃피우는 손

입력 2017-11-19 17:10 | 수정 2017-11-20 00:44

알려진 것처럼 대한민국 외교부의 핵심은 북핵·북미 라인이다. 외교관들은 흔히 북핵과 대미(對美) 외교를 '출세의 지름길'로 여긴다. 하지만 그동안 우리 외교의 '변방'으로 분류됐던 아세안의 매력에 빠져 외길을 걸어가는 사람들도 있다. 한·아세안 협력사업 전문가로 외교부에 근무하는 김시은 남아시아태평양국 전문관도 그중 하나다.

김시은 남아시아태평양국 전문관

 # 쌍방향 소통·자원·사람... 외교 '어깨동무'

"전임자가 아세안은 늪과 같아서 한번 발을 디디면 빠져나올 수 없다고 하더군요. 5년 가까이 아세안과 일을 하면서 저도 그 매력에 빠져 헤어나오지 못하고 있습니다." 김 전문관은 지난 16일 외교부 청사에서 가진 인터뷰에서 아세안을 '매력의 늪'이라고 표현했다. 그는 "아세안의 매력은 수도 없지만 첫째는 쌍방통행이 가능하다는 것"이라면서 "한국과 아세안은 일방적 구매 관계가 아니라 서로의 필요에 맞는 파트너

2017년 11월 20일, 서울신문 인물편에 게재된 인터뷰 기사 일부 발췌 (강병철 기자)

실무자들이 자의든 타의든 다시 아세안의 품으로 돌아오는 경우가 많다. 각자 이유야 다르겠지만, 내가 생각하는 이유는 갈수록 커지는 아세안의 위상과 업무가 힘들지만 패턴만 익히고 나면 여기보다 매력적인 곳이 없기 때문이다.

내가 생각하는 아세안의 가장 큰 매력은 사람이다. 그동안 외교부에서 함께 근무한 사람들 역시 매력적이었다. 어쩔 수 없이 업무에 동화될 수밖에 없더라도 아세안 사람들과 마찬가지로 함께 근무하였던 직원들 역시 그랬다. 물론, 외교부엔 훌륭하고 선한 직원들이 많다. 아세안의 울타리에서 함께 근무한 멋진 직원들 덕분에 3년만 버티자고 했던 나의 각오는 '아세안에 뼈를 묻을 거예요'라는 말과 함께 7년이라는 시간이 흘렀고, 동료들이 베풀어준 많은 기회 덕분에 이렇게 글을 쓰며 그 시절을 되돌아보고 있다.

다시 아세안으로 컴백하는 직원들을 보면서 '아세안의 늪에 빠지셨네요!'라고 말을 건네곤 했는데, 그들이 빠진 그 늪 또한 나와 같이 매력적인 늪이기를 바란다.

제2장 아세안 웨이^{way}

아세안의 탄생

매력의 늪에 빠졌다고 표현했던 아세안에 대해 살펴보자. 아세안(ASEAN)은 'Association of Southeast Asian Nations'의 약자로, 우리말로 풀면 '동남아시아 국가연합'을 의미한다.

1967년 8월 8일 인도네시아, 말레이시아, 필리핀, 싱가포르, 태국 등 5개국 외교부 장관이 '아세안 창립선언(일명 방콕 선언)'에 서명하면서 시작되었다. 태국을 제외하고 모두

신생 독립국으로, 베트남 전쟁이 격화되고 있던 시점에 창설된 아세안은 방콕 선언에 명시된 바와 같이 다양한 분야에서 서로 협력하여 지역 안정을 도모하고자 하는 데 그 목적이 있었다.

1967년 5개국으로 탄생한 아세안은 1984년 브루나이가 추가 가입하였으며, 1995년 베트남을 시작으로 1997년 라오스·미얀마, 1999년 캄보디아 등 사회주의 국가들이 잇달아 가입하면서 현재 10개국이 되었다. 2002년 인도네시아로부터 독립한 동티모르는 지속적으로 아세안 가입을 희망하였으나 번번이 무산되었다. 동티모르가 아세안의 11번째 회원국이 될 수 있을지 지켜볼 일이다.

아세안협력과에 근무하면서 가장 많이 받은 질문은 우리나라가 아세안 회원국인가에 관한 질문이었다. 주지하다시피 우리나라는 아세안 회원국이 아니다. 그다음은 대한민국은 왜 아세안과 긴밀하게 협력하는가에 관한 질문이었다. 아세안과의 협력에 있어 우리나라가 소위 말하는 인사이더가

아세안 10개국 아세안 회원국 가입년도

미얀마 1997

라오스 1997

베트남 1995

아세안기
볏짚 모양은 아세안 10개 회원국의
우정과 화합에 대한 염원을 의미

필리핀 1967

브루나이 1984

태국 1967

캄보디아 1999

말레이시아 1967

싱가포르 1967

인도네시아 1967

된 이유는 우리나라가 아세안의 '대화상대국'이기 때문이다.

아세안은 아세안 회원국과 같은 숫자인 10개의 '완전 대화상대국(Full Dialogue Partner)'이 있다. 아세안은 창설 이후 국제사회에서 입지를 다지기 위해 선진국을 중심으로 대화하고자 하는 협력 관계, 즉 대화관계를 수립하였으며 아세안과 대화관계를 수립한 국가만이 아세안+1(각 대화상대국) 회의체를 구축할 수 있다. 아세안은 1974년 호주, 1975년 뉴질랜드를 시작으로 1977년 미국·일본·캐나다·유럽연합(당시 유럽공동체)과 대화관계를 수립하였다. 이후 약간의 공백기 끝에 1989년 대한민국(우리나라는 1989년 부분 대화상대국으로 시작하여 1991년 완전 대화상대국 지위 취득), 1992년 인도(1995년 완전 대화상대국으로 전환), 1996년 중국·러시아 등과 대화관계를 수립하여 아세안 회원국과 같은 숫자인 현재의 10개 대화상대국이 완성되었다.

이 외에 우리나라의 첫 지위와 같은 '부분 대화상대국(Sectoral Dialogue Partner)'이 파키스탄(1993년), 노르웨이

(2015년), 스위스(2016년), 터키(2017년) 등 4개국이 있으며, 북한을 포함하여 다수의 국가가 아세안과 대화관계를 수립하기 위해 대기 중이다.

　다수의 아세안 국가 외교부 관계자들에 의하면, 당분간은 현재 체제를 유지할 것이라고 한다. 다양한 이유가 있겠지만, 우선 현재 아세안의 다양한 회의체들이 포화 상태라는 이유를 들 수 있다. 또 다른 이유로는 대화조정국(Dialogue Coordinator) 수임 문제가 있다. 각 대화상대국들은 아세안과의 협의를 위해 본국의 의견을 대화조정국을 통해 전달하고, 각 대화조정국들은 동 의견을 아세안 10개국에 전달하며 양측의 의견을 조율하는 역할을 한다. 예를 들어 한국의 경우 현재 브루나이가 대화조정국(2018년 8월부터 3년간)이며, 제3차 한-아세안 특별정상회의 유치를 위해 브루나이를 통해 우리의 의견을 아세안 측에 지속적으로 어필하였다. 각 대화조정국은 3년 단위로 로테이션이 되는데, 아무래도 대화상대국이 늘어나게 되면 중간 조율을 담당해야 할 국가가 늘어나게 되어 부담이 될 수 있다.

아세안 중심의 회의체

___ 아세안 대화상대국(괄호는 수립연도)

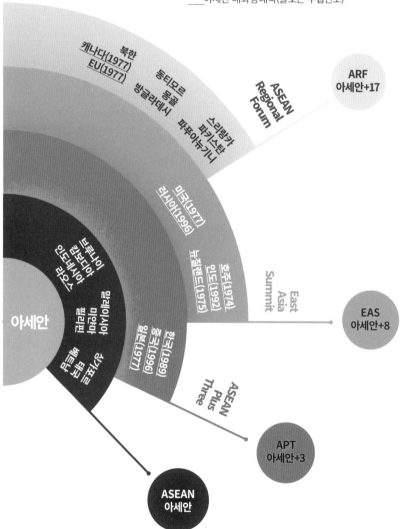

ASEAN Regional Forum

캐나다(1977)
EU(1977)
북한
동티모르
몽골
방글라데시
스리랑카
파키스탄
파푸아뉴기니

미국(1977)
러시아(1996)

East Asia Summit

호주(1974)
인도(1992)
뉴질랜드(1975)

일본(1977)
중국(1996)
한국(1989)

ASEAN Plus Three

브루나이
캄보디아
인도네시아
라오스
말레이시아
미얀마
필리핀
싱가포르
태국
베트남

아세안

ARF
아세안+17

EAS
아세안+8

APT
아세안+3

ASEAN
아세안

아세안은 '아세안 중심성(ASEAN Centrality)'을 중시한다. 이는 아세안을 중심에 두는 것인데, 아세안 간 자체 회의체 외에 10개 대화상대국들과의 아세안+1 회의체, 아세안+3, 동아시아정상회의(아세안+8), 아세안지역안보포럼(아세안+17) 등의 아세안 관련 지역협의체에서도 아세안을 중심에 두고 회의를 주도해나가고 있다.

아세안 체계

아세안은 아세안 10개 회원국 및 관련 협의체의 효율적·체계적 운영을 위해 다양한 방식과 원칙을 갖추고 있다. 그 중 하나가 바로 '의장국' 개념이다. 아세안의 다양한 협의체(아세안 간 회의, 아세안+1, 아세안+3, EAS 등)를 운영하면서 중심이 되는 의장 국가를 1년간 맡으며 의장국에서 아세안 관련 다양한 회의를 주최하게 된다.

의장국은 통상 알파벳순으로 취임하는 것이 원칙이며, 이에 따라 올해는 베트남, 2019년 태국, 2018년 싱가포르,

2017년 필리핀 등이 의장국을 맡았다. 다만, 각 국가 사정이나 아세안 간 합의가 이루어지지 않으면 순서가 바뀌기도 하는데, 미얀마의 경우 2006년에 의장국이 될 예정이었으나 미얀마 내 인권탄압 등의 문제로 의장국을 맡지 못하고 2014년이 되어서야 처음으로 의장국을 맡은 바 있다. 또한, 인도네시아가 2013년도, 브루나이가 2011년도에 의장국을 수임할 차례였으나 인도네시아가 2013년도에 APEC 의장국을 맡기로 되어 있는 등의 이유로 브루나이에 양해를 구해 2011년도에 인도네시아, 2013년도에 브루나이가 의장국을 맡아 순서가 바뀐 적도 있다.

이러한 알파벳 원칙은 모든 의전에서도 그대로 적용된다. 예를 들어, 아세안 국가를 나열할 때, 브루나이(Brunei Darussalam)가 항상 처음에 오고, 베트남(Viet Nam)이 항상 마지막에 오게 된다. 가끔 우리나라에서 가나다순으로 배열을 하는 경우가 있는데, 이러한 배열은 아세안 측 입장에서 본다면 실례가 되는 것이다.

단, 모든 아세안 회의 전에 사진 촬영이 있는데 이때는 가운데에 항상 의장국이 서기 때문에 의장국을 중심으로 왼편에는 다음 의장국, 그 이후로는 브루나이부터 알파벳순으로 나열이 된다. 이 경우에도 단상에 배치되는 의장기는 브루나이에서 베트남, 그리고 아세안사무국 의장기 순으로 배열이 된다.

또한, 아세안 방식의 단체 사진 찍는 법이 있는데, 양손을 꼬아서 옆에 있는 사람과 마주 잡는 것이다. 최근에는 스킨십을 동반하는 이와 같은 방식을 지양하고, 단순히 인사하는 모양으로 손을 올리는 방식으로 바뀌는 추세이다.

각 회의체마다 참가하는 국가가 다르고, 사진 촬영 시 우왕좌왕하는 일을 막기 위해 각 국가의 대표가 서는 위치를 투명 테이프로 붙여주곤 하는데, 2018년 8월 싱가포르에서 개최되었던 한-메콩 외교장관회의 당시 이와 관련해 아찔했던 기억이 있다.

아세안 포토세션 자리 배치도

2019 아세안 정상회의 예시

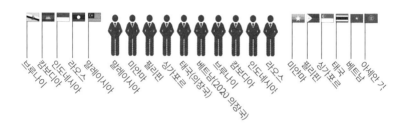

브루나이 · 캄보디아 · 인도네시아 · 라오스 · 말레이시아 · 미얀마 · 필리핀 · 싱가포르 · 태국(의장국) · 베트남(2020 의장국) · 브루나이 · 캄보디아 · 인도네시아 · 라오스 · 미얀마 · 필리핀 · 싱가포르 · 태국 · 베트남 · 아세안기

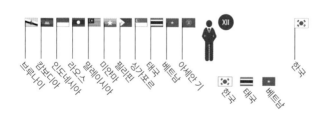

브루나이 · 캄보디아 · 인도네시아 · 라오스 · 말레이시아 · 미얀마 · 필리핀 · 싱가포르 · 태국 · 베트남 · 아세안기 · 한국 · 태국 · 베트남 · 한국

+1 회의 시에는 아세안- +1로 나누어 의장기를 배치한다.

아세안 포토세션 단체사진 촬영 방식

과거: 양손을 꼬아서 옆에 있는 사람과 마주잡는 방식

최근: 스킨십을 지양하고 단순히 손을 올려 인사하는 방식으로 변경

한-아세안 관련 회의체 외에 메콩+1 협의체를 가진 국가들이 있는데, 아세안 공식 회의체가 아니라 별도 행사인 사이드 이벤트이므로 의장국에서는 회의 장소를 제공하는 형식으로 진행이 된다. 통상 의장국에서 위치를 지정하는데 사이드 이벤트 형식으로 제공된 한-메콩 외교장관회의에

2017년 한-메콩 외교장관회의의 포토세션
(출처 : 외교부 보도자료, 2018년 8월 3일)

있어 장관들이 서게 될 단상 위 위치를 메콩 국가가 아닌 싱가포르 측에서 알고 있지 못했다.

급하게 세팅하는 동안 잠깐 휴식을 취하고 있던 장관들이 들어오고, 설상가상으로 사회자는 바로 포토 세션을 진행하겠다고 안내했다. '알파벳만 생각하자!' 정신을 집중해 당시 공동의장국이었던 미얀마와 우리나라 장관을 중간에 배치한 후 알파벳순으로 가까스로 테이프를 붙이자마자 장관들이 단상으로 올라왔다. 메콩이 5개국이었으니 망정이지 아세안 10개국 자리를 세팅하고 안내해야 했다면 큰 사고가 날 뻔했다.

또 다른 원칙으로, 아세안은 '만장일치제(Consensus)'를 택하고 있다. 이는 평화로운 방식으로 상호 간 이해를 통해 모두가 찬성하여 합의에 도달할 수 있도록 하기 위해서이다. 그간 경험한 아세안은 되도록 싫은 소리를 하지 않으며, 분란을 일으키는 것을 꺼린다. 예를 들어, 내가 담당하였던 한-아세안 협력기금 사업의 경우에도 한국과 아세안 10개국 모두의 승인을 득해야만 사업을 시작할 수 있다. 아세안에서는 사업이 마음에 들지 않아도 '모 국가에서 OO의 의견이 있었다.'거나 '아세안의 OO가 개선된 후에 다시 제안하면 좋겠다.'는 등 직설적이지 않게 돌려서 이야기하지 '이 사업을 승인하지 못합니다.'라고 못을 박는 경우는 드물다. 여러 차례 제안서 수정을 통해 10개국 모두 동의를 하는 사업으로 거듭나게 되면 드디어 사업을 하게 되는데, 포기하지 않고 인고의 시간 끝에 사업을 시작하게 되는 경우이기에 서로 물심양면으로 도와주고 있다.

기금 외에도 다양한 협의와 합의를 해야 하는 상황들이 있는데, 한국 입장에서 가장 중요한 것은 아무래도 아세안 관련 외교장관회의, 정상회의 등의 결과로 나온 합의문서, 그중에서도 북한 관련 문안이다. 물론, 의장국이 주도하는 만큼 의장국의 입김이 많이 작용하기는 하나 우리가 원하는 문안을 반대하는 국가가 누구인지를 찾아내 설득하는 작업도 종종 해야 한다. 다만, 아세안 측 내부 간 협의에서 나온 의견이기 때문에 누가 어떤 의견인지를 아세안 내부자를 통해서 잘 찾아내야 하는데, 아세안과 좋은 관계를 유지하여 이를 잘 파악하는 것이 중요하다.

아세안은 2003년 '아세안 협력선언 II'를 통해 2020년까지 아세안 ①정치·안보 공동체(Political·Security Community), ②경제 공동체(Economic Community), ③

사회문화 공동체(Socio·Cultural Community) 등 3개의 아세안 공동체 건설을 추진하였다(2007년 세부선언을 통해 동 목표를 2020년에서 2015년으로 조정).

이러한 아세안 간 협력이 강화됨에 따라 아세안에 법인격 지위를 부여함으로써 지역기구로서 아세안의 역할을 강화하고 제도화하고자 하는 '아세안 헌장(ASEAN Charter)'을 2007년에 서명하고 2008년 말 발효하였다. 아세안 헌장에 나와 있는 아세안의 모토는 하나의 비전(One Vision), 하나의 정체성(One Identity), 하나의 공동체(One Community)를 표방하고 있다. 인종·종교·문화·정치 등이 다양한 아세안 10개국이 하나로 모이기 위해 이러한 다양한 방식을 통해 구체화해나가고 있는 것이다.

아세안의 조직

이토록 복잡 다양한 아세안은 어떤 방식으로 구성되어 있는지 살펴보자. 우선, '본부' 개념의 아세안사무국이 1976년 인도네시아 자카르타에 설립되었다. 아세안사무국은 앞서 설명한 3대 아세안 공동체를 중심으로 부서가 나누어져 있으며, 관련된 각종 회의에 참석하여 보고서를 작성하고, 각 회의에서 나온 정책 및 사업들을 이행할 수 있도록 지원하고 있다. 사실상 아세안사무국은 아세안 국가들 상위에 위치하는 것이 아니라, 아세안 회의체와 활동이 잘 이행될 수 있도록 받쳐주고 있는 조직이라고 생각하면 될 것 같다. 아세안사무총장은 장관급으로 회원국 순번제로 정상회의에서 임명하며, 임기는 5년이다. 베트남 국적의 레 르엉 밍(Le Luong MINH) 사무총장이 2013년 1월부터 2017년 12월까지 임기를 마쳤고, 현재는 브루나이 국적의 림 족 호이(Lim Jock Hoi) 사무총장이 그 자리를 이어받았다.

아세안사무국 외에 자카르타에 주재하는 중요한 조직이 바로 '상주대표위원회(Committee of Permanent Representatives, CPR)'이다. 아세안에도 UN 대표부와 같이 대부분의 아세안 국가와 대화상대국의 대사관 개념인 아세안대표부가 있는데, CPR은 이 중에서 아세안 10개국

아세안사무국 구 건물 로비

대표부 대사들로 구성되어 있다. 외교부 본부가 각 국가별로 흩어져 회의 때만 대면할 수 있는 반면, 자카르타에 상주하며 다양한 모임 및 회의 등을 통해 대면하는 CPR은 아주 끈끈한 관계를 유지하며, 그들의 입김이 때때로 중요하게 작용하기도 한다. 이에 따라 주아세안 우리 대표부 대사 역시 CPR과 좋은 관계를 유지하는 것이 중요하다. 실제로 2019년 한-아세안 특별정상회의 한국 유치를 위해 당시 김영채 주아세안대표부 대사 인솔하에 CPR을 한국에 초청하여 특별정상회의 유치의 정당성을 설득하기도 하였다.

1년 동안 진행되는 아세안 관련 많은 회의와 협의체들은 결국 아세안 정상회의를 위한 준비과정이라고 생각하면 된다. 아세안 정상회의는 연 2회 개최되며, 아세안+1 등 여타 국가가 참여하는 아세안 관련 정상회의는 이 중 하반기에 개최되는 아세안 정상회의 시 함께 개최된다. 간단하게 이야기를 하면, 실무회의-CPR회의-고위관료회의-외교장관회의-정상회의 순으로 회의가 구성되어 있다. 하지만 외교 관련 회의 외에 3대 공동체 아래 30개 부문에서 다양한 회의체(예를 들어 경제공동체 아래 아세안 경제장관회의, 사회·문화 공동체 아래 아세안 문화예술장관회의 등)가 마련되어 있다. 이러다 보니 아세안 내에서 아세안 관련 회의만 천 건 이상이 되고, 그렇다 보니 아세안사무국 직원은 대개 출장으로 자리를 비우는 경우가 많아 연락이 잘 되지 않는 경우가 많다. '아세안 = 회의'로 인식되기도 한다.

제3장 대한민국, 아세안의 동반자

한-아세안 관계나 한-아세안 특별정상회의는 갑자기 나온 것이 아니며, 한국과 아세안은 1989년 11월 부분 대화 관계를 수립함으로써 친구로 첫 단추를 채웠다. 여러 역사나 관계를 보았을 때 위기와 극복이 있기 마련인데 한국과 아세안은 계속적으로 발전했다고 해도 과언이 아니다. 지난 30여 년간 발전 과정을 10년 단위로 나누어 보았을 때 초기 10년은 관계 형성 단계(1989-1999), 중기 10년은 관계 견고화 단계(2000-2010), 그리고 마지막 10년은 관계의 비약적 발전 단계(2011-2020)로 나누어 볼 수 있다. 특히 마지막 10년의 발전 중에서도 2017년 '신남방정책' 이후 발전

내용을 별도로 언급할 필요가 있다.

초기 10년 : 관계 형성 단계(1989-1999)

한-아세안 관계에 있어 초기 10년 관계 형성 단계에서 기념비적 사건은 첫 번째로 1989년 11월에 있었던 한-아세안 부분 대화관계(Sectoral Dialogue Partnership) 수립이다. 이미 언급한 바와 같이 아세안은 국제사회에서 입지를 다지기 위해 선진국을 중심으로 대화하고자 하는 협력관계, 즉 대화관계를 1970년도부터 수립하였으며 우리나라도 이때부터 아세안에 러브콜을 보내기 시작했다. 아세안의 지리적 여건과 잠재력을 고려하여 1980년대 들어 대통령, 외무장관 등이 아세안 국가를 방문하며 아세안 외교에 더욱 공을 들이기 시작하였다. 그 결과 1989년 7월 제22차 아세안 외무장관회의를 계기로 한국과 부분 대화관계 수립에 대한 내용을 공동성명을 통해 발표하고, 1989년 11월 합의각서가 교환되어 한-아세안 관계를 공식적으로 출범시켰다.

더 놀라운 사실은 2년도 채 되지 않은 1991년 7월, 한-아세안 관계가 부분 대화관계에서 완전 대화관계(Full Dialogue Partnership)로 격상되었다는 것이다. 부분 대화관계라는 것은 아세안과 일부분에 있어서 협력만 가능한 것이고, 완전 대화관계라는 것은 정치, 경제, 사회·문화 등 전 방위적 협력이 가능하다는 것을 의미한다. 이에 따라, 초기 대화관계 수립에서는 통상·투자·관광 분야에서 부분적으로 협력하였으나 1991년 완전 대화관계로 전환됨으로써 우리나라는 1992년 인도(1995년 완전 대화상대국으로 전환), 1996년 중국·러시아에 앞서 7번째로 아세안과 '완전 대화관계'를 수립한 국가가 되었다.

이후, 협력 체계에 있어서도 1997년부터 한-아세안 정상회의 및 아세안+3(한·중·일) 정상회의 등에 참석하였으며, 동 회의는 하반기 아세안 의장국에서 개최되는 아세안 관련 정상회의에서 연례적으로 개최된다. 1997년 동남아시아에서 시작된 외환위기와 함께 창설된 아세안+3 정상회의는 이후 1998년 정상회의에서 김대중 대통령이 동아시아비전

그룹(EAVG: East Asia Vision Group) 설립을 제안하고, 1999년 1차 회의를 개최한 바 있다.

중기 10년 : 관계 견고화 단계(2000-2010)

한-아세안 관계가 견고해진 이 시기에는 어떤 일들이 있었을까? 아세안은 2003년 '아세안 협력선언 II'를 통해 2020년까지 아세안 3개 공동체(정치·안보, 경제, 사회·문화) 창설(추후 2015년으 로 조정)을 추진하였다. 2004년은 한-아세안 대화관계 수립 15주년을 계기로 한-아세안 협력 방향을 제시하는 한-아세안 포괄적 협력 동반자관계에 관한 공동선언을 채택하였다. 2005년에는 이에 따른 행동계획을 채택하여 충실히 이행함으로써 한-아세안 관계는 보다 견고해지게 된다. 또한, 2005년 12월 한-아세안 FTA 기본협정 체결을 시작으로 2006년 FTA 상품협정, 2007년 FTA 서비스협정, 2009년 FTA 투자협정 등 한-아세안 무역·투자에 있어서도 기반을 공고히 하게 되었다.

한-아세안 관계가 견고해짐에 따라 한-아세안 협력에 따른 실질적인 사업을 이행할 수 있는 기관이 필요하게 되었고, 이에 따라 한-아세안 간 경제 및 사회·문화 분야 협력증진을 위한 국제기구인 한-아세안센터 설립에 대한 논의가 진행되었다. 결국, 2007년 11월 외교장관 간 '한-아세안센터 설립 양해각서(MOU)'가 서명되었고, 2008년 12월 발효하여 2009년 3월 서울에 한-아세안센터가 설립되었다.

한-아세안 대화관계 수립 20주년을 기념하는 해인 2009년에 설립된 한-아세안센터는 지난해 10주년을 맞이하였으며, 기획·총무국, 무역·투자국, 문화·관광국, 정보·자료국 등을 통해 한-아세안 간 무역·투자를 촉진하고 아세안 관련 자료를 발간하며, 다양한 행사를 마련하여 한-아세안 관계 발전에 이바지하고 있다. 특히, 사업부서로 분류되는 무역·투자국과 문화·관광국의 국장과 지원 부서로 분류되는 기획·총무국과 정보·자료국의 부장 자리에 아세안 공무원을 파견하여 아세안과 실질적인 교류협력을 하고 있다. 센터 내 아세안홀에서는 아세안 문화 및 서적 등을 전시하고 아세안 관련

↖ 아세안, 한-아세안센터, 아세안 10개국 의장기가 나열된 한-아세안센터 복도

↘ 한-아세안센터 아세안홀

행사를 진행하며 건실한 국제기구로 자리 잡아가고 있다.

2009년 한-아세안 대화관계 수립 20주년을 맞이하여 국내에서는 처음으로 한-아세안 특별정상회의가 개최되었다. 이명박 정부는 동남아와의 협력을 강화하는 '신아시아 외교'를 펼쳤는데 제주도에서 개최된 제1차 한-아세안 특별정상회의와 함께 2010년 한-아세안 전략적 동반자관계에 관한 공동선언을 채택함으로써 한-아세안 관계가 한차례 또 격상하게 된다.

관계의 비약적 발전 단계(2011-2020)

2010년 한-아세안 전략적 동반자관계 격상과 함께 2011년 이에 따른 행동계획을 채택하면서 한-아세안 관계는 탄력을 받게 된다. 2011년에는 한-메콩 협력체계가 탄생하게 되는데 2011년 10월 서울에서 제1차 한-메콩 외교장관회의 개최 결과 '한강 선언'이 채택된다. 아세안 내 5개 메콩 유역국인 캄보디아, 라오스, 미얀마, 태국, 베트남으로 구성된 메콩국은 아세안 내에서 저개발 국가로 인식되고 있으나 그 잠재력이 막강하여 개발협력 파트너로서 매력적인 국가들이다. 이에 따라, 아세안 외 메콩 국가와의 협력 체계를 따로 구축하고 있는 공여국가들이 늘어나고 있는 추세이다.

2012년 9월에는 아세안을 관할하는 우리나라 대사관 격인 '주아세안 대한민국대표부'가 개설되었다. 통상 아세안 관련 업무는 외교부 본부 남아시아태평양국(2019년 아세안국으로 전환) 아래 아세안협력과에서 아세안 관련 다자 업무를, 동남아과에서 양자 업무에 따른 외교 정책을 총괄하고 있다. 통상 공관은 본부 지시에 따라 해외 현장에서 외교 업무를 수행하는데 아세안대표부가 구축되기 전까지 아세안 관련 업무는 아세안사무국이 위치한 주인도네시아대사관에서 수행하였다(다만, 아세안 관련 회의가 의장국에서 개최되는 만큼 당해 의장국이 위치한 대사관 또한 분주해진다). 아세안대표부가 별도로 구축되었다는 것은 한-아세안 관계가 그만큼 발전되었다는 것을 반증하는 것으로 의미가 깊으며, 우리나라는 비아세안 회원국 가운데 미국

(2011년 4월), 일본(2011년 5월), 중국(2012년 8월)에 이어 네 번째로 아세안대표부를 설립하게 되었다.

2014년 12월, 한-아세안 대화관계 수립 25주년 기념 제2차 한-아세안 특별정상회의가 부산에서 개최되었다. 2009년 개최 이후 5년이라는 짧은 기간 내에 이례적으로 대화상대국에서 2차례 특별정상회의를 개최하게 된 것이다. 당시 우리나라 때문에 '아세안 외에서의 특별정상회의 개최는 10년 이상 주기로 개최한다'라는 규정이 새로 들어갔다는 소문이 들렸는데, 5년 뒤인 2019년에 또다시 특별정상회를 개최해 우리나라에 예외를 적용한 것을 보면 아세안이 얼마나 우리나라를 중요하게 생각하는지 알 수 있다. 어쨌거나 'Building Trust, Bringing Happiness'라는 슬로건으로 개최된 제2차 한-아세안 특별정상회의 결과로 '전략적 동반자관계의 미래 비전에 관한 공동성명'을 채택하고 특별히 '아세안문화원' 설립이 성과사업에 포함되었다.

2017년, 그 이후

2017년은 한-아세안에 있어 가장 의미 있고 역사적인 해 중 하나가 아닌가 하는 생각이 든다. 2017년은 한-아세안 문화교류의 해이자 아세안 창설 50주년이 되는 해였는데, 이를 계기로 2014년 한-아세안 특별정상회의 성과사업이었던 '아세안문화원'이 9월 1일 비로소 부산 해운대구에 개원되었다. 고교 시절을 보낸 동네에 개설된 아세안문화원의 시작과 설립 과정을 보니 감회가 남달랐다.

기억나는 에피소드로는 2014년 한-아세안 특별정상회의 당시 '아세안문화원' 설립에 대한 합의를 위해 서정인 당시 남아시아태평양 국장이 주한 대사관을 설득하면서 했던 말이 떠오른다. 'It's not my baby, it's our baby'라는 말 때문에 격무에 지쳐있던 직원들이 한참 웃었던 기억이 있다. 하필, 통화한 대사가 여성인지라 자칫 잘못 들었으면 큰일 날 뻔했지만, 사정을 아는 사람들은 아직까지도 서정인 대사를 만나면 그날의 이야기로 웃음꽃을 피우곤 한다.

2019년 추석 연휴 중 부산 아세안문화원을 점검한 문재인 대통령
(출처 : 청와대, 2019년 9월 14일)

우스갯소리로만 들릴 말이 아니라 실제로 부산 아세안문화원은 'our baby'이다. 아세안문화원은 대화상대국에서 유일하게 아세안 문화를 소개하는 기관으로 아세안을 포함하더라도 태국에 있는 아세안문화센터보다 규모나 시설 면에서 훌륭하다. 아세안문화원에서는 아세안 관련 전시를 하고, 공연, 학술세미나, 언어·요리 등의 수업을 제공하는 등 유익한 시설로 자리매김하고 있다. 특히, 문재인 대통령이

아세안문화원에서 개최된 제1차 한-메콩 정상회의 공식 환영만찬
(출처 : 청와대, 2019년 11월 26일)

2019년 한-아세안 특별정상회의 전 추석 연휴에 깜짝 방문하여 시설을 점검하고 메콩 정상회의 환영만찬 장소로 활용되기도 하였다. 건물은 외교부 국유재산, 토지는 부산시 소유로 초기 구축되었으나 운영은 외교부 산하의 한국국제교류재단(Korea Foundation, KF)에서 전담하고 있다.

2017년이 중요한 이유는 아무래도 2017년 11월 문재인 대통령이 아세안 순방을 계기로 천명한 '한-아세안 미래 공동체 구상'과 함께 신남방정책이 본격적으로 추진되어 한-아세안 관계에 있어 획기적인 변화를 가져온 해이기 때문일 것이다. '신남방정책'이란 아세안 및 인도와의 관계를 미국, 중국, 일본, 러시아 등과 같은 4강 국가 수준으로 격상하겠다는 것으로, 사실상 아세안이 그 중심에 있다. 신남방정책은 '더불어 잘사는 사람 중심의 평화공동체 형성'을 핵심 목표로 3P 정책 즉, 사람(People) 공동체, 상생협력(Prosperity) 공동체, 평화(Peace) 공동체 구축을 함께 이룩하고자 하는 정책이다.

특히, 신남방정책을 통해 대통령 임기 내에 아세안 및 인도를 모두 순방하겠다고 공약하였는데, 2017년 11월 인도네시아, 베트남, 필리핀(의미를 부여하고자 앞글자를 따서 V.I.P 국가를 방문하였다고도 함), 2018년 3월 또다시 베트남, 7월과 11월 두 차례 싱가포르, 2019년 3월 브루나이, 말레이시아, 캄보디아 및 9월 태국, 미얀마, 라오스 등을 모두 순방함으로써 약속을 조기에 달성하였다.

아세안 관련 조직에 있어서도 큰 변화가 있었다. 청와대 직속 '신남방정책 특별위원회'가 2018년 8월 출범되었고 청와대 경제보좌관이 위원장을 맡게 되었다. 또한, 외교부 남아시아태평양국 아래 동남아과, 서남아태평양과, 아세안협력과가 구성되어 있었는데, 아세안국이 신설되어 동남아 1과, 동남아 2과, 아세안협력과로 재편되었다. 동남아 2과는 메콩 5개국을, 동남아 1과에서는 그 외 아세안 5개국 및 동티모르를 담당하고 있다. 이에 따라 아세안협력과에서 담당하던 한-메콩 관련 업무도 2020년부터는 동남아 2과로 이전이 되었다. 신남방 TF팀이 따로 개설되었으나 현재는 아세안협력과에서 함께 신남방 업무도 하고 있다.

한편, 창설 시 3인이 근무하는 작은 공관으로 주인도네시아 대사관 셋방살이로 시작한 주아세안대표부 역할이 격상되어 각 관계부처 주재관 자리도 확대되었다. 대사도 차관급으로 격상되어 단순 협의채널을 넘어 아세안 10개 공관의 거점 공관으로 컨트롤타워 역할을 하는 곳으로 변모되었다. 아세안대표부는 아세안 관련 다양한 회의에 참석하고 아세안 국가들의 동향을 파악하는 등의 업무를 주로 하며, 여타 양자 공관에서 다루는 양자 현안이나 민원업무는 별도로 하고 있지 않았으나 현재는 아세안대표부를 중심으로 아세안 업무를 중심으로 한 양자 업무나 한-아세안 관련 협력사업 발굴 등의 업무를 적극적으로 진행하고 있다. 현재는 신설된 아세안사무국 건물 근처에 새로운 공관으로 들어가 대규모 공관이 되었는데, 아세안에서는 부담스럽다는 우스갯소리를 하지만 싫지는 않은 눈치이다. 아세안대표부를 중심으로 한-아세안 관계와 각종 실질 협력사업이 쏟아져 나오고 있으며, 2019년 한-아세안 특별정상회의를 통해 진가를 발휘하게 된다.

2019년, 한-아세안 특별정상회의

앞서 설명한 바와 같이 아세안은 아세안 외 국가에서의 특별정상회의는 10년 이상 주기를 두고 개최한다는 조항을 두고 있다. 그럼에도 불구하고 한국과의 대화관계 수립 30주년을 기념하는 특별정상회의를 25주년에 이어 부산에서

2019 한-아세안 특별정상회의 ↗
(출처 : 청와대, 2019년 11월 26일)

↙ 제1차 한-메콩 정상회의
(출처 : 청와대, 2019년 11월 27일)

또다시 개최함으로써 스스로 정한 규칙에 예외를 두게 된다. 이로써 한국은 아세안과 특별정상회의를 3차례 개최한 유일한 국가가 되었다. 이 여세를 몰아 '평화를 향한 동맹, 모두를 위한 번영(Partnership for Peace, Prosperity for People)'이라는 슬로건으로 '제1세션: 한-아세안 30&30' 및 '제2세션: 지속 가능한 번영을 위한 연계성 증진'이 개최되었으며, 그 결과 '평화, 번영과 동반자관계를 위한 한-아세안 공동비전 성명'과 '2019 한-아세안 특별정상회의 공동의장 성명'이 채택되었다.

2019년 한-아세안 특별정상회의가 여타 특별정상회의와 달리 더욱 특별했던 것은 제1차 한-메콩 정상회의가 함께 개최되었기 때문이다. 앞서 설명한 바와 같이 2011년 외교장관회의로 협의체가 신설된 한-메콩 관계가 불과 10년도 지나지 않아 정상급으로 협의 관계가 격상되어 이번에 정상회의가 함께 개최되었으며 그 결과로 '사람, 번영, 평화의 동반자관계 구축을 위한 한강-메콩강 선언'이 채택되었다.

제2부

아세안을 연구하다

제1장 아세안 1년 농사

한-아세안 관계를 지난 30년간 크게 발전시킬 수 있었던 기반이 되는 아세안 업무에 대해 살펴보겠다. 한-아세안 외교정책은 대한민국 외교부 아세안국, 그리고 그 아래 아세안협력과가 총괄하고 있다. 인도네시아 자카르타에 위치한 우리나라 대사관 격인 주아세안대표부는 본부 지시에 따라 아세안 측과의 외교 업무를 추가적으로 수행하는 동시에, 신남방정책 이후에는 10개국 양자 공관의 컨트롤타워 역할까지 하고 있다. 지난 7년여 동안 아세안협력과에서 근무하면서 느낀 아세안 업무의 가장 큰 장점을 말하자면, 업무 시기나 흐름에 있어 예측이 가능하다는 것이다. 물론,

아세안 업무 1년 루틴
(통상적인 일정으로 조금씩 조정 가능)

현재는 코로나바이러스로 인해 일정이 이대로 흘러가지 못하고 있는 실정이다.

[4월] 한-아세안 공동협력위원회(Joint Cooperation Committee, JCC)
[5월] 고위관료회의(Senior Official's Meeting, SOM)
[6월] 한-아세안 Dialogue
[7-8월] 아세안 관련 외교장관회의
[9월] SOM
[11월] 아세안 관련 정상회의

외교적 사안이나 관심 사항 등에 따라 내용이 바뀔 수도 있지만, 통상적으로 하반기(대개 11월 초)에 진행되는 정상회의를 위한 준비회의의 연속이라고 보면 된다.

자칫 단순해 보일 수 있지만, 며칠간의 정상회의를 위해서는 회의 일정 전후로 어마어마한 문서 작업과 협의 과정들이 필요하다. 위의 업무 루틴은 전체적인 틀만 명시했을 뿐이고, 사이사이에 크고 작은 다양한 업무들이 산재해 있다. 물론, 정상회의가 끝나면 '1년 농사'가 끝나 어느 정도 여유를 되찾긴 한다. 하지만 연말·연초 외교행사와 기타 미루어 두었던 행사나 출장, 한-아세안센터 이사회 등등 알게 모르게 쌓인 일들 때문에 사실상 1년 내내 정신이 없는 부서이긴 하다. 모두 다 바쁘다는 외교부 내에서도 특히 '바쁜 곳'이라는 인식이 박혀 있는 곳이 아세안협력과다.

물론 나는 외교관이 아니기 때문에 이러한 1년 업무 루틴과 주 업무인 '한-아세안 협력기금' 업무 루틴이 일치하지는 않는다. 그러나 턱없이 부족한 인력으로 인해 긴급 업무가 쏟아질 때마다 긴급 투입되곤 했다. 정신없이 업무에 매진하다 보면 어느새 겨울이 오고 스트레스를 받을 때도 있었지만, 연말의 여유로움과 1년을 돌아보았을 때 느껴지는 뿌듯함에 스트레스쯤은 새하얀 눈과 함께 녹아내리곤 했다.

외교부 부서마다 업무가 다르겠지만, 아세안협력과의

경우 다자회의를 주로 담당하고 있다. 회의는 크게 회의 자료 준비와 후속 조치 업무 및 회의 행정/의전을 준비하는 업무로 나뉜다. 행정·의전의 경우 국내에서 개최될 때 더욱 많은 부분을 준비하고 신경 써야 하기 때문에 좀 더 복잡해진다. 아세안협력과의 고유 업무인 한-아세안 공동협력위원회(JCC) 작업반회의(실무워킹그룹:WG)를 제외하면 내가 담당한 업무는 아니었지만, 그동안 배우고 실전에서 경험한 내용을 정리해보고자 한다.

[4월] 한-아세안 공동협력위원회 (Joint Cooperation Committee, JCC)

한-아세안 JCC는 1년에 한 번 자카르타 아세안사무국에서 개최되는데 기존 공동기획심의위원회(Joint Planning and Review Committee, JPRC)가 2014년부터 JCC로 명칭이 변경되었다. JCC는 한-아세안대표부 대사들 간 회의로 한국과 한국의 대화조정국이 공동의장국이다. 전날 개최되는 한-아세안 JCC 작업반회의(WG)는 대표부 차석급 회의

2017년, 뜻깊었던 한-아세안 JCC 출장

이며, 한국은 아세안협력과장이 수석대표이다.

JCC WG에서는 한-아세안 협력기금 운용현황, 기금 사업 승인 및 이행현황, 한-아세안 협력사업팀 업무 경과보고 등에 대한 논의를 한다. 기금을 담당하는 나는 회의 담당 실무자였는데 적어도 1년에 1번은 자카르타에 출장을 가야 했다. 이 회의를 통해 한-아세안 협력기금 운영방식 전환,

한-아세안 협력사업팀 자카르타 개설 등 다양한 협의가 이루어진다. 서정인 대사가 말했던 'my baby'들이 내 손 안에서 만들어지는 기분이었다. 공교롭게도 내가 처음으로 실무 준비에 참석한 2014년도부터 JCC가 시작되었다. 아세안 창설 50주년이기도 했던 2017년에 개최된 제4차 JCC WG에서 다양한 개선 사항들이 어느 정도 마무리된 것 같아 마음 속으로 울컥한 느낌이 들기도 했다.

한-아세안 JCC에서는 전날 회의인 JCC WG 결과를 공유하는 것 외에 한-아세안 간 정치, 경제, 문화 등 협력 전반을 포괄적으로 논의한다. JCC야말로 정상회의로 가기 전 초석을 다지는 그 첫 단계이다. 한-아세안 행동계획에 명시된 협력 이행현황을 점검하고 한-아세안센터, 아세안문화원의 활동에 대해서도 공유하는 등 다양한 분야에 대해 다루게 된다. 다만, 이 회의는 열띤 토론을 통한 외교전보다는 대사들 간 친목도 다지고 각자 필요한 사항에 대한 협조를 요청하는 등 친근한 분위기 속에서 진행이 된다. 아세안 10개국 대표부 간 모임인 CPR과 긴밀한 협력관계를 유지하는 것이

한-아세안 관계에 있어서도 중요하기 때문에 좋은 분위기 속에서 친근한 외교를 펼친다고 보면 될 것 같다.

[5월, 9월] 고위관료회의 (Senior Official's Meeting, SOM)

Senior Official's Meeting의 약자인, 고위 관료급회의 SOM의 경우 당해 의장국에서 두 차례(5월, 9월) 개최된다. 5월의 경우 아세안지역안보포럼(ASEAN Regional Forum, ARF), 동아시아정상회의(East Asia Summit, EAS), 아세안+한·중·일(ASEAN Plus Three, APT) SOM이, 9월에는 외교장관회의까지만 있는 ARF는 제외한 EAS 및 APT SOM이 개최된다. 한-아세안 SOM은 한-아세안 다이얼로그라는 이름으로 별도로 개최된다. SOM은 차관급회의로 우리나라 수석대표는 차관보, 영문으로 번역하면 정치 부문 차관(Deputy Minister for Political Affairs)이다.

1994년 출범한 ARF는 아세안을 포함한 27개국이 회원국으로 있는, 한국과 북한이 동시에 참여하는 유일한 지역 다자안보 협의체이다. 2005년 출범한 EAS는 아세안을 포함한 18개국이 회원국으로 역내 주요국들이 모두 참여하는 정치·안보 분야 위주의 최상위 전략포럼으로 주요 지역 정세에 대해 다루고 있다. 1997년 출범한 APT는 아세안과 한·중·일이 회원국인 만큼 동남아시아-동북아시아 역내 협력 증진 차원에서 매우 중요한 플랫폼이다. 정치·안보 이슈를 주로 다루고 있는 만큼, SOM에서부터는 그야말로 외교전이 시작된다고 보면 된다.

정치·안보 등 외교적으로 민감한 문제를 다루고 있는 SOM은 업무와 크게 관련이 없어 한 번도 가본 적은 없지만, 민감한 이슈와 함께 외교장관회의 및 정상회의 전에 많은 내용들에 대한 협의를 마무리해야 하는지라 담당 직원들과 과장, 차관보, 대표부 직원들이 출장지에서 많은 고생을 한다고 들었다. 또한 SOM, 외교장관회의, 정상회의 외에 ARF, EAS, APT 등의 우산 아래 다양한 회의들이 있는데, 돌이켜

보건대 7년 동안 일하면서 내 역량 밖의 일에 대해서는 많은 도움을 주지 못해 담당자들에겐 미안한 마음이 남아 있다.

[6월] 한-아세안 다이얼로그

한-아세안 SOM 격인 한-아세안 다이얼로그는 대화조정국과 우리나라가 번갈아 가면서 개최하고 있다. 예를 들어, 우리나라는 2018년, 2016년, 2014년도에 개최하였고, 2019년도에는 당시 대화조정국이었던 브루나이, 2017년도에는 캄보디아, 2015년도에는 인도네시아에서 개최되었다. 2014년도 부산에서 개최될 당시 국제회의 전문·용역업체가 따로 없었기에 전 직원이 투입되어 부산으로 갔었는데, 개인적으로는 아세안협력과에 근무하면서 경험한 첫 행사이기도 했다. 2016년도 평창 개최 시에는 책임감이 큰 행정을 전담하였고, 2017년도 캄보디아 시엠립 개최 시엔 참석만 하였다.

한-아세안 다이얼로그는 JCC의 연장선으로 8월 한-아세안 외교장관회의, 11월 한-아세안 정상회의 준비 차원에서 한-아세안 정치·안보, 경제, 사회·문화 등 전반에 대한 협력 강화 방안에 대해 포괄적으로 논의한다. 이때 한반도 정세, 남중국해 등 역내 주요 현안 등에 대한 의견도 교환하고 있어 한-아세안 협력뿐만 아니라 아세안 관련 여타 회의체에서도 우리의 입장이 반영될 수 있도록 아세안 측의 협조를 당부한다. 한-아세안 다이얼로그는 의장국 외에서 개최되는 회의인 만큼 개최국가에서 회의 구성에 심혈을 기울이곤 한다. 회의 종료 후 문화시찰 기회도 있는데 2017년 캄보디아 한-아세안 다이얼로그 당시에는 비록 1시간이긴 했지만 유네스코 세계문화유산으로 지정된 앙코르와트를 잠깐이나마 다녀올 수 있었다.

흔히 회의를 준비하는 입장에서는 회의 자료 업무 담당과 행정 업무 담당으로 나눌 수 있다. 자료 업무도 물론 중요하지만 마음을 주고받는 행정업무 또한 중요하다. 작은 문제일지라도 더욱 크게 느껴지는 의전의 경우도 그렇다. 회의가 한국에서 개최되는 경우, 그 행정과 의전 업무는 더욱 까다로워진다. 2016년도 한-아세안 다이얼로그가 너무 인상적으로

2017년 한-아세안 다이얼로그 계기 방문한 앙코르와트

개최되었기에 그다음 다이얼로그를 개최하는 캄보디아 측
에서 매우 부담스러워했다는 후문이다.

물론, 행정을 전담했다고 해서 하나부터 열까지 나 혼자
만든 작품은 아니다. 윗선에서 결정한 사항들이 잘 진행될
수 있도록 PCO(Professional Convention Organizers,
국제회의 전문용역업체)와 잘 조율하고 관리하는 역할에

충실했을 뿐이다. 무엇보다 참가자들에게 한국에 대해 좋은 인상을 남기고자, 그리고 그것이 좋은 회의 결과로 이어지기를 바라며 진심으로 업무에 임했다.

서울에서 개최됐으면 좋았겠지만, 2016년 공교롭게 제20차 한-아세안 다이얼로그가 2018년도 평창 올림픽 때문에 평창 개최로 변경되면서 일이 커졌다. 당시엔 인천-평창 KTX나 고속도로 여건이 미비했던 때라 각 국가별로 별도

2016년 평창에서 개최된 한-아세안 다이얼로그 회의 후 문화행사

차량을 제공해야 했다. 중간 경유지로 원주에 위치한 '뮤지엄 산'에 들러 미술관도 둘러보고 식사도 제공하였다. 개인적으로도 처음 가보는 곳이었는데, 이후 한국에서 가장 좋아하는 장소 중 한 곳이 되었다. 참가자 중 한 명은 본인을 이곳으로 인도하신 신께 감사하다며 기도까지 할 정도로 매력적인 곳이었다.

회의도 물론 충실하게 진행되었지만, 만찬 장소로 영화 <식객> 촬영지였던 정강원에서 한복 체험 및 떡 만들기를 하면서 한국 문화를 경험하며 모두 즐거운 시간을 보냈다. 이때 참가자들이 당시 차관보였던 김형진 현 서울 국제관계 대사를 만날 때마다 평창 이야기를 계속한다는 말을 전해 듣고 뿌듯한 마음이 들기도 했다.

아무리 사소한 일일지라도 쉬운 일은 아니었다. 일이 많아지면서 어찌나 고군분투하며 뛰어다녔던지 목소리가 나오지 않고 발에서 피가 날 정도였다. 덕분에 2016년 말 외교부 장관 표창을 받았으니 그 보상은 충분히 받았다고 생각한다. 부족한 나를 믿어주고 격려해 준 권재환 당시 아세안 협력과장과 유정현 남아태국 심의관에게 감사한 마음이 크다. 특히, 유정현 당시 심의관은 내가 별도로 이동하여 만나기로 한 걸 깜빡하고 오래 기다리게 했음에도 불구하고 본인은 신경 쓰지 말고 아세안 사람들을 더 챙기라고 말해주었다. 그리곤 아세안 사람들에게 일일이 행사를 준비한 사람이라며 나를 소개해 주었는데 큰 감동을 받았다. 아직도 선명하게 그날의 느낌을 기억하고 있다.

당시 아세안사무국 정치안보 사무차장이 일정보다 일찍 도착하게 되었다. 원래 일정 외에 오는 경우에는 차량이 제공되지 않는데 실수로 비서에게 차량이 나간다고 전달해버렸다. 사태를 수습하느라 내가 직접 차를 운전해 공항에 나가 영접한 적이 있다. 그 덕분에 사무차장 부부와 긴밀한 이야기도 주고받으며 또 다른 인연을 만들 수 있었다. 무엇보다도 외교부 생활에 있어 가장 기억에 남는 일 중 하나가 바로 이 2016년도 평창에서 개최된 제20차 한-아세안 다이얼로그이다. 2016년도 다이얼로그의 성공 개최가 영향을 미쳤는지 모르겠지만, 친북 성향이 강한 라오스가 의장국이었던 2016년도 당시 모두의 예상을 깨고 ARF 외교장관회의 의장 성명에 북핵 관련 문구가 포함되었다. 우리 정부의 외교력이 우위를 점한 일대 사건으로 평가되기도 했다.

[8월] 아세안 관련 외교장관회의

외교장관회의는 아무래도 50여 명이 넘는 기자들을 동행하기도 하고 아세안 및 ARF 전 회원국이 다 모이기에 1년 중 가장 신경 쓰이는 회의일 수밖에 없다. 물론, 정상회의가 가장 큰 행사이긴 하지만 아세안 관련 정상회의에서는 ARF가 빠지게 되므로 회의 수나 참가국 수도 줄어들게 된다. 정상회의이다 보니 아세안협력과뿐만 아니라 청와대 및 의전국 등에서도 신경을 많이 써주기에 아세안협력과에서는 주로 회의 내용에만 집중하면 된다. 회의 발언 시간도 정상회의가 비교적 짧은데, 정상회의에서는 동시통역이 들어가기 때문에 자료를 영문화해야 하는 외교장관회의와는 달리 국문까지만 끝내면 되기 때문에 어떤 부분에 있어서는 부담이

덜 할 수도 있다. 물론, 정상회의까지 있는 한-아세안, EAS, APT 담당 직원은 정상회의가 끝날 때까지 큰 부담을 안고 있다. 하지만 외교장관회의의 경우, 부서의 모든 직원이 투입되거니와 2-3명을 제외한 모든 직원이 출장을 가게 돼 말 그대로 과가 통째로 의장국으로 이동을 하기도 한다.

아세안 관련 외교장관회의를 칭하는 영문 명칭은 'ASEAN Ministerial Meeting and Related Meetings' 이다. 약 일주일간 개최되는 이 회의에서도 외교장관회의에 앞서 마지막 협의를 위한 SOM이 개최되며, 외교장관회의로는 아세안 간 장관회의인 ASEAN Ministerial Meeting(AMM), 아세안과 10개 대화상대국 간 개최되는 The ASEAN Post Ministerial Conference(PMC:한-아세안 외교장관회의가 여기에 해당함), 그리고 ARF, EAS, APT 외교장관회의가 이때 개최된다. 또한, 다양한 사이드 이벤트가 열리는데 한-메콩 외교장관회의도 사이드 이벤트 격으로 개최가 된다. 이렇듯 주요 국가의 외교장관들이 한 곳에 모이게 되므로 이를 계기로 다양한 양자회담이 개최된다. 외교장관회의 시 외교부에서만 50명이 넘는 직원이 짧게는 하루, 길게는 일주일간 출장을 가게 된다. 그렇기 때문에 숙소를 선점하는 것도 전쟁인데, 특히나 2016년도 라오스 개최 시에는 호텔 수 자체도 많지 않고 우리 대표단의 주요 숙박 장소의 객실 수 또한 많지 않았다. 뒤늦게 숙소를 구하느라 우리 대사관에서 애를 먹었던 기억이 있다.

다자회의에서의 주요 업무는 크게 회의 자료 업무와 행정 업무로 나뉜다. 회의 자료 업무는 크게 우리 측 발언문을 작성하고 참고 자료들을 정리하는 것과 회의 결과를 문서로 합의하는 일이 있다. 물론, 보도자료 작성이나 회의 종료 후 작성해야 하는 자료 등 다양한 자료들도 적지 않다. 행정적 업무는 항공이나 숙박, 회의장 등록의 업무와 일정 정리, 의전 등의 업무가 있다. 의전이라는 게 꼭 윗분을 모시고 가서 대접을 하는 것만은 아니다. 수시로 바뀌는 양자 일정을 조율해야 하고, 워낙 다양한 회의들이 동시다발적으로 이루어지기 때문에 넓은 회의장에서 헤매지 않고 제시간에 우리 측 대표가 도착하게끔 하여 외교적 결례를 범하지 않게 하는 일도 의전의 일부이다. 다자 및 양자회의 일정이 분 단위로 빼곡하기 때문에 우리 대표의 컨디션을 최상으로 유지해야 할 의무도 있다. 또한 회의 시 지켜야 할 사항, 예를 들어 아세안 관련 외교장관회의 공식 만찬 시에는 의장국에서 전통의상을 제공해 주는데 이를 준수하고 테이블 좌석을 미리 파악하는 것도 중요하다.

외교장관회의가 가장 정신이 없는 이유 중 하나는 ARF가 북한과 한국이 동시에 참여하는 유일한 인보 관련 디지회의이기 때문이다. 기자들의 이목이 집중되는 이유이기도 하다. 기자들은 아세안 관련 외교장관회의 후 브리핑에서도 북한 관련 질문을 많이 하는데, 외교장관회의 참석 시 북한 외무성 관련 인사들과 같은 공간에 있는 것도 나름이 일이 가진 묘한 매력이다. 2017년도 필리핀, 2018년도 싱가포르에서 개최된 외교장관회의에 출장단으로 합류하게 되었는데, 당시 친분이 있는 기자들이 리용호 당시 외무상의 위치를 내게 물어 찾아다닌 기억이 있다. 출장단이라고 해서 북한 외무상의 위치를 다 파악하거나 만날 수 있는 것은

2017년 필리핀에서 개최된 아세안 관련 외교장관회의 종료 후 떡볶이 만찬

아닌데도 우연히 회의장 앞에 있다가 북한 외무상이 나올 때 급히 동영상을 찍을 수 있었다. 날 주시하던 북한 직원한테 핸드폰을 뺏기는 건 아닌지 떨리긴 했지만 말이다.

직원들이 워낙 많기 때문에 실무 직원들이 회사의 대장 즉, 장관과 가까이 이야기하기가 쉽지 않다. 그러나 외교장관회의에서는 비교적 대장과 많은 이야기를 나눌 수 있다. 특히, 2017년도 필리핀 외교장관회의는 강경화 장관 취임 후 처음으로 갖는 다자회의 출장이었는데 회의가 끝난 후 필리핀에서 떡볶이 뒤풀이를 즐겼다. 당시 장관 사비로 지출한

마지막 근무 날, 외교부장관 공관에서

떡볶이 지출 비용이 생각보다 많이 나와 보좌관이 화들짝 놀라기도 했다고 한다. 2018년도에는 2019년도 특별정상회의 유치를 위한 일정이 길어 더욱 많은 대화를 나눌 수 있었다. 2017년도에 이어 두 번째라 그랬는지 비교적 편안한 분위기 속에서 진행되었다. 그때 나의 취미인 작사 이야기가 나오게 되었고, 직원별로 돌아가면서 본인의 취미에 관해 이야기를 이어갔다. 이날 이후로 장관이 실무직원과 만날 시 항상 취미에 관해 물어본다는 소문이 들리기도 했다.

마지막 근무 날, 공교롭게도 한-아세안 특별정상회의와

관련된 직원들을 장관 공관으로 초청해 격려한 행사가 있었다. 여러 차례 가까이에서 얼굴을 맞댄 덕분에 장관님께 마지막 인사를 할 수 있었다. 나를 얼마만큼 기억할지 모르겠지만 내게 그분은 따뜻하고 특별한 분으로 기억되고 있다.

[11월] 아세안 관련 정상회의

사전 준비회의 끝에 비로소 정상회의가 진행된다. 영문 공식 명칭은 'ASEAN Summit and Related Summits'이다. 이때 아세안 간 정상회의, 아세안+1 정상회의, EAS 및 APT 정상회의가 개최된다. 물론, 양자회담도 개최된다. 정상회의는 의장국에서 개최되지만 2014, 2019년도와 같이 한-아세안 특별정상회의가 국내에서 개최되는 경우에 한-아세안 정상회의는 의장국에서 개최되는 여타 정상회의와 함께 개최되지는 않는다. 한-아세안 정상회의가 의장국에서 개최되지 않는다고 하더라도 EAS 및 APT 정상회의 역시 중요한 회의이기 때문에 우리나라 정상이 아세안 의장국을 방문하게 된다.

2014년도 미얀마, 2016년도 말레이시아에서 개최된 정상회의에 참석한 경험이 있다. 2014년도와 2019년도에 부산에서 열린 특별정상회의에도 참석한 바 있다. 정상회의의 묘미는 정상들 곁을 스치거나 같은 공간에 머물 수 있다는 것이다. 2014년도에는 박근혜 前 대통령이 회의 종료 후 직원들을 찾아와 격려 악수를 했던 기억이 있고, 2016년도 말레이시아에서는 오바마 前 대통령을 행사장에서 우연히 보고 정말 매력적이라고 느꼈던 적도 있다.

2019년도 한-아세안 특별정상회의 직후에는 문재인 대통령이 피자를 사주었는데 맛있게 먹었던 기억이 남아 있다. 모두 아세안협력과에서 일했기에 경험할 수 있었던 특별하고 또 색다른 일들이었다.

한-아세안 특별정상회의 숨은 조력자, 아세안협력과

특별정상회의의 경우 회의 자료는 아세안협력과에서, 행정

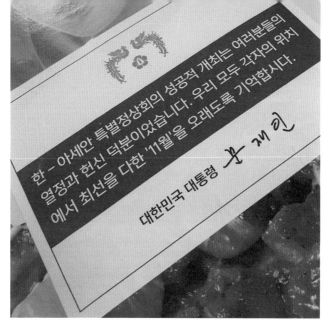

2019 한-아세안 특별정상회의 개최 후 문재인 대통령님이 사주신 피자

업무는 별도로 개설되는 한-아세안 특별정상회의 준비기획단에서 챙긴다. 그렇기 때문에 특별정상회의가 끝나면 대개 준비기획단이 주목을 받는 경우가 많다. 하지만 정상회의 자료를 만들기 위해서는 수많은 연구와 여러 단계를 거치며 수정하고 협의해야 한다. 일반적으로 생각하거나 대외에 공개하는 것보다 많게는 수백 배의 자료를 더 준비한다. 책임감 하나로 보이지 않는 곳에서 묵묵히 일을 수행하는 것이다.

아세안협력과에 근무하면 소위 '칼퇴근'은 잊어야 한다. 특별정상회의가 개최되는 해는 더욱 그렇다. 사명감 없이는 이렇게 일하는 것이 쉽지 않다. 이제야 말하지만, 나 역시도 무척 힘든 날이 많았다. 아무쪼록 아세안협력과 공무원들의 숨은 노고를 꼭 기억해주길 바란다.

제2장 한-아세안 협력을 위한 지렛대

아세안협력과 업무는 아세안 관련 회의 준비가 주요 업무이다. 정해진 일정과 계획에 따라 움직인다. 하지만 그게 다가 아니다. 그 외에도 한-메콩(2020년부터 동남아 2과로 이전되었음), 한-아세안센터 및 아세안문화원 관련 업무와 신남방정책, 남중국해 등의 업무도 담당하고 있다. 이따금 고위급 인사 방한 행사도 주관하고 있다. 물론, 내가 담당하고 있던 한-아세안 협력기금 업무도 포함되어 있다. 예산이나 서무 업무 등 눈에 보이지 않지만 중요한 많은 업무를 진행하고 있다.

이들 일을 기타 업무라고 말할 수 있겠으나, 덜 중요하거나 업무 강도가 낮은 것은 결코 아니다. 이러한 일들은 1년 동안 진행해야 할 정해진 업무 외에 한-아세안 협력 증진을 돕는 지렛대 역할을 하게 된다. 가끔 '남중국해가 어디야?'라며 무심하게 묻는 질문 때문에 남중국해 담당 직원들이 서운해하곤 했다. 그러나 남중국해 업무 자체가 민감한 사항이고 내가 말할 수 있는 부분이 아니기에 이번 장에서는 내가 담당했던 한-메콩 및 고위급 방한 행사에 대해서만 정리하고자 한다.

한-메콩, 메콩강을 품어라

개인적으로 개발학을 전공하기도 하였고, 학교에서 수업을 듣고 관련 에세이도 작성해본 경험이 있어서인지 기금 업무 외에 가장 관심이 많았던 업무가 한-메콩 업무였다. 메콩이란 아세안 10개국 중 메콩강을 공유하고 있는 5개국인 캄보디아, 라오스, 미얀마, 태국, 베트남을 일컫는 말이다. 태국을 제외한 4개국은 아세안에 뒤늦게 합류한 후발주자이다.

국가 명칭의 앞글을 따와 흔히 CLMV로 일컬어진다. 캄보디아, 라오스, 미얀마, 베트남 등 후발주자 국가와 다른 아세안 국가와의 개발격차를 줄이는 것이 아세안에 있어서 또 다른 과제이다. 메콩과의 협력은 아세안 통합 증진을 위한 밑거름이다. 강을 공유한다는 것은 분쟁의 요소가 될 수도 있는데, 메콩 5개국은 서로 협력하는 성장 동력으로 활용하고 있다. 메콩 5개국이 보유한 풍부한 천연자원과 2.4억 명 이상의 소비자와 노동시장, 연평균 약 6%가 넘는 경제 성장을 이룩하며 저력을 보여주고 있다.

메콩 국가들 간 개발을 위한 의지는 다양한 소지역 협력으로 이어지고 있다. 메콩강 위원회(Mekong River Council, MRC), 이야와디 차오프라 메콩 경제협력전략(Ayeyawady-Chao Phraya-Mekong Economic Cooperation Strategy, ACMECS), 메콩 연구소(Mekong Institute, MI), 아시아개발은행 주도의 Greater Mekong Subregion(GMS) 프로그램 등이 그것이다.

메콩의 잠재력에 주목하고 있는 것은 우리나라뿐만이 아니어서 다른 선진국에서도 메콩과의 협력을 위해 공을 들이고 있다. 일본은 2009년 이래 매년 일-메콩 정상회의를, 중국은 2016년 이래 란찬강-메콩강 정상회의를 격년으로 개최하고 있으며, 미국은 2009년 이래 미-메콩 정례 외교장관회의를 실시하고 있다. 특히, 미국의 경우 메콩과 협력하는 '공여자'들의 모임인 메콩우호국(Friends of Lower Mekong) 작업반회의 및 고위관료회의(아세안 SOM과 같이 개최)를 주도하고 있다.

우리나라의 경우 2011년도에 메콩과의 협의체를 신설하였는데, 외교장관회의로 시작된 협의체는 10년도 채 지나지 않은 지난해 정상급으로 격상되어 2019년도 한-아세안 특별정상회의 계기 제1차 한-메콩 정상회의가 개최된 바 있다. 한-메콩 정상회의가 개최되기 전, 한-메콩 업무의 경우 고위관료회의(SOM)와 한-메콩 외교장관회의 업무가 있다. SOM 대표는 아세안국장이며, 회의는 아세안 SOM과는 별도로 개최되며 통상 메콩 의장국에서 개최한다(한국과

2014년 서울에서 개최된 한-메콩 외교장관회의 준비 중 기념 촬영

공동의장을 하는데 알파벳순으로 의장을 맡음). 한-메콩 외
교장관회의는 3년에 1번 한국에서 개최된다. 현재까지 2011
년, 2014년, 2017년도에 한국에서 개최되었다. 이외에는 아
세안 관련 외교장관회의 개최 시 의장국에서 사이드 이벤
트 형식으로 개최한다.

한-메콩 협력기금도 별도로 있는데, 2013년도에 50만 달
러로 시작된 기금은 점차 증액되어 2017년도 신남방정책
발표 당시 2020년도까지 300만 달러까지 증액하겠다는

2015년 캄보디아에서 개최된 한-메콩 비즈니스포럼

공약을 내걸었다. 한-메콩 협력기금은 메콩 연구소(MI)로 송금하여 관리되고 있으며, 외교부 내에서는 한-아세안 협력기금의 또 다른 전문관이 담당했었다. 한-아세안 협력기금과 달리 한-메콩 협력기금은 각 국가에서 약 1건의 사업을 실행하며, 국내 기관보다는 메콩국 기관에서 주로 사업을 실행하고 있다.

이 외에 한-메콩 기업 간 교류를 활성화시키고 민관이 모여 한-메콩 산업 증진 방안을 모색하기 위해 2013년부터

2018년 싱가포르에서 개최된 한-메콩 외교장관회의
(출처 : 외교부 보도자료, 2018년 8월 3일)

시작된 한-메콩 비즈니스포럼이 있다. 메콩국과 한국을 순회하여 개최하였는데, 제1차 태국 방콕 개최를 시작으로 2014년도 베트남 하노이, 2015년도 캄보디아 프놈펜, 2016년도 미얀마 양곤, 2017년도 라오스 비엔티안, 2018년도 대한민국 서울, 2019년도 태국 방콕에서 총 7회 개최된 바 있다. 한-메콩 담당자는 다른 부서보다 힘든 일이 많다 보니 눈물겨운 사연들이 따라다닌다.

2014년에 담당자가 갑자기 병가를, 2015년에는 담당자가 갑자기 부서 이동을, 2018년도에도 담당자는 갑자기 육아 휴직에 들어가는 일이 생겼다. 그런 바람에 2014년에는 태국 파타야에서 개최된 한-메콩 SOM에서 논의된 한-메콩 협력기금 운영 방안 초안을 내가 마련할 수밖에 없었다. 또한 국내 외교장관회의 개최 시 행정업무를 담당하기도 하였다. 당시 함께 메콩 업무를 넘겨받았던 설유진 행정관과 좌충우돌 고생을 하였었는데, 아직도 그때 이야기를 하면서 끈끈한 우정을 이어가고 있다. 2015년 캄보디아에서 개최된 한-메콩 비즈니스포럼 때도 내가 투입되었으며, 2018년도에는 한-메콩 외교장관회의와 한-메콩 정상회의 격상 컨셉페이퍼 초안 작성을 직접 담당하여 한-메콩 업무를 조금씩은 다 맛볼 수 있었다. 물론, 모두 긴급하게 투입되다 보니 실수 아닌 실수도 많았지만 관심 있는 분야라 재미있게 일했던 기억이 있다. 한-메콩 정상회의 격상 시 'K-Mekong Connectivity' 프로그램을 만들겠다는 야심 찬 계획을 세웠는데 결과적으로 묻혀서 아쉬운 생각이 든다. 아무쪼록 한-메콩 간 협력이 얼마나 더 성장할지 내심 기대가 된다.

고위급 초청사업

외교부에서는 한국에 대한 인식 제고나 우리 측 입장을 어필하는 차원에서 타 국가 고위급 인사를 초청하는 행사를 열곤 한다. 아세안협력과는 다자를 다루고 있기 때문에 통상 양자 차원에서 이루어지는 초청행사를 정기적으로 준비하진 않는다. 기억에 남는 행사는 2016년에 실시된 라오스 순톤 대외 관계 위원장 초청행사였다. 2016년 당시 아세안 의장국이었던 라오스는 친북 성향이 강했던 탓에 우리나라는 의장성명 문안에 한반도와 관련해 우리나라에 유리한 입장을 관철하기 위한 공을 많이 들였다. 공을 들인 일 중 하나가 순톤 위원장 초청이었다. 나경원 당시 국회 외교통일위원회 위원장 초청으로 이루어진 본 행사는 나경원 의원 면담 및 외교부 인사 면담을 통한 외교 현안에 대한 논의가 있었다. 그뿐만 아니라 새마을 운동에 대해 배우고 싶다는 순톤 위원장의 강력한 요청으로 KOICA, 한국수출입은행, 새마을운동중앙회 등을 방문하여 한국의 개발 경험을 공유하고 한국의 대 라오스 간 개발협력에 대한 논의를 했다.

통상 장관급 이상의 인사가 방한하면 사이드카 및 근접 경호를 붙이곤 하는데 당시 함께 업무를 담당했던 유소영 사무관이 꼼꼼하게 준비해두었다. 그런데, 순톤 위원장은 한국 사람이 같이 차에 타고 있는 것이 불편했는지 주한 라오스 대사관을 통해 한국의 안전을 믿는다면서 정중하게 이를 철회해 줄 것을 요청하였다. 사이드카를 이용하는 또 다른 이유는 경호뿐만 아니라 교통체증이 있을 때 이를 피해 버스전용차선 등으로 이동하여 약속 시간을 맞추기 위한 것이다. 하필 사이드카를 철회한 날 DMZ 방문 후 광화문 근방에서 김홍균 당시 외교부 한반도본부장과의 만찬이 예정돼 있었다. 퇴근 시간에 겹쳐 이동한 탓에 김홍균 본부장은 1시간을 기다리고, 순톤 위원장 일행은 도로에서 1시간 넘게 갇히는 일이 벌어졌다. 우여곡절 끝에 만난 두 사람은 오히려 더욱 긴밀하게 한반도 문제에 대해 깊은 대화를 나눌 수 있었다.

이러한 모든 정성이 더해져 당해 아세안지역안보포럼 (ASEAN Regional Forum, ARF)에서 일명 '라오스 대첩'을 북한의 5차 핵실험으로 발걸음이 가장 바빠진 당국자가 김홍균(55·외시 18회) 한반도평화교섭본부장이다. 김 본부장은 6자회담의 우리 정부 수석대표로서 북핵 외교를 전담한다. 평화외교기획단장 시절 천안함·연평도 도발, 김정일 국방위원장 사망 등 대형 사건들의 후속 처리를 담당했다. 업무 처리에 빈틈이 없으며 스마트하고 차분한 성격에 특히 경청하는 능력이 뛰어난 인물로 평가받는다.

김형진(55·외시 17회) 차관보는 양자 외교 및 한·중·일 협력 업무 등을 총괄한다. 북미 1과장, 주미 공사참사관, 북미국장 등 북미 라인을 충실히 밟았으며 주중 대사관에서 근무해 중국에 대한 이해 수준도 높다. 성품이 훌륭하면서도 업무에는 빈틈이 없어 '재덕(才德)을 겸비한 인물'이란 평을 두루 듣는다. 지난 7월 어려운 환경에서 열린 아세안지역안보포럼(ARF)의 실무를 총괄하며 의장성명에다 불리한 사드(고고도미사일방어체계) 문구는 빼고 강도 높은 북핵 규탄 문구를 넣은 이른바 '라오스 대첩'을 이끄는 데 지대한 공을 세웠다.

2016년 9월 19일 서울신문 [2016 공직열전] <12> 외교부(상) 기사 일부 발췌 (강병철 기자)

거둘 수 있었다.

　　당시 순톤 위원장의 방한 일정을 담당하면서 주한 라오스대사관의 오타마 서기관과 계속 상의하며 일을 진행했는데, 그는 정말 성실했고 동에 번쩍 서에 번쩍하며 민첩하게 일을 했다. 동 방한 행사 외에 다른 고위급 방한 일정을

순톤 위원장 방한 행사 준비를 위한 실무자 회의 시 기념 사진

↙ (왼) 라오스에서 만난 오타마 서기관 ↘(오) 출장 시 함께한 조현명 주아세안대표부 선임연구원(현재 한-아세안센터 차장)

동시에 진행하면서도 한 치의 흐트러짐이 없었다. 2016년 순톤 위원장 방한 이후 라오스로 돌아갔다는 소식을 들었는데 2018년 4월 라오스에서 개최된 한-아세안 협력기금 워크숍에서 우연히 다시 만날 수 있었다. 개회사를 한 외교부 차관을 수행하고 온 것이었는데 워크숍 후 메콩강을 바라보며 맥주 한 잔을 같이 하기도 했다. 그리고 여름에 필리핀에서 개최된 외교장관회의 시 공항과 행사장에서 우연히 또 만나고, 이후 2019년도 한-아세안 특별정상회의 당시 숙소 로비에서 또 마주쳐 깜짝 놀랐다. 만날 때마다 서로 바빠 많은 인사를 나누지 못하였으나, '라오스 외교부에는 당신 혼자만 있느냐'며 놀리곤 하는, 가장 기억에 남는 외교단 중 한 사람이다.

CPR 방한 사업

CPR은 상주대표위원회(Committee of Permanent Representatives, CPR)를 말하는 것으로, 주아세안 10개국 아세안 대사로 구성되어 있다. 아무래도 한국 측 입장을

2018년 CPR 방한 시 강경화 외교부장관 예방
(출처 : 외교부 보도자료, 2018년 6월 25일)

아세안에 어필하기 위해 가장 접근하기 쉽고 또 중요하게 인식되는 CPR을 주기적으로 한국에 초청한다. 다만, 아세안 차원에서도 다양한 대화상대국이 있고 이러한 초청사업을 계속할 수는 없으니 초청하는 기간이나 주기에 한계가 있다. 우리나라는 2013년도와 2018년도에 한-아세안 특별정상회의 유치를 위해 CPR을 한국에 초청한 바 있다. 2018년도 CPR 초청 기간 당시 국내에서 개최된 한-아세안 다이얼로그와 시기가 겹쳐 일주일간의 행사인 CPR 방한 사업을 나 혼자 담당하게 되었다. 준비할 때부터 스트레스가 극에 달했지만 친근한 아세안 대사들과 한국의 김영채 대사, 그리고 대표부에서 함께 온 조현명 연구원(현재 한-아세안센터 차장)과 함께 즐겁게 일하며 스트레스를 말끔히 날려버렸다.

　방한 행사는 크게 신남방정책 홍보, 한-아세안 특별정상회의 홍보, 정치·안보 이슈 등으로 나뉘었다. 외교부 및 통일부 장관 예방, 국회 방문 및 한-아세안 포럼 개최, 한·중·일 3국 협력 사무국, 한-아세안센터, KOICA, KBS, 산업인력공단 등을 방문하였으며, 부산으로 내려가 부산 경제부시장 면담, 부산외대 학생 간담회 개최, 아세안문화원 등을 방문하였다. 그때 특별정상회의 개최가 잘 되겠구나, 하는 느낌이 들었다. 이미 그들이 돌아가 본국에 한국 개최 당위성을 잘 전달해 주겠구나 하는 감이 내게 있었다. 김영채 당시 주아세안 대사가 사비를 털어 해운대 포장마차에서 산낙지를 대접하며 친근한 외교를 벌이기도 하였는데, 이러한 크고 작은 노력과 정성에 힘입어 우리나라가 한-아세안 특별정상회의를 유치하게 된다.

한-아세안 협력기금 업무를 주 업무로 삼아 전문성을 키워나갔고, 아세안협력과 업무는 많은 경험을 하게 해주었다. 또한 다양한 사람을 만나면서 성장할 수 있었으며 아세안과의 관계를 피부로 느끼며 알아갈 수 있었다. 아세안에 뼈를 묻겠다는 각오는 이때부터 내 마음에 각인이 되었다.

국가의 중요 업무를 많은 유능한 인사들과 함께하며, 더불어 고위급 인사들을 가까이에서 보면서 일과 삶의 자세를 배울 수 있는 천금의 기회가 주어졌다. 다양한 사람들과 친구가 되어 많은 시간을 공유하며 값진 경험도 갖게 되었다. 미진하나마 한국과 아세안의 협력에 나름 보이지 않는 지렛대 역할을 했다고 감히 자부하며, 그러한 소중한 경험들이 내 인생에 있어서도 빼놓을 수 없는 자산이 될 것이라고 믿는다.

제3장 아세안 공공외교의 꽃

우리나라만 돈을 낸다고?

한-아세안 협력기금에 대해 알아보자. 한-아세안 협력기금은 매년 국제기구 분담금 형식으로 금액을 확보하여 아세안사무국에 송금하고 있다. 매년 예산을 확보하고 결산을 해야 하는 만큼 국회·기재부·감사원 등에서 묻는 다양한 질의에 문제없이 답변해야 한다. 가장 많이 받는 질문이 우리나라가 아세안 회원국도 아닌데 왜 분담금을 내느냐, 다른 국가들은 얼마씩 내고 있느냐 등이다. 사실 아세안사무국을 운영하는데 필요한 분담금 형식의 운영비는 아세안

10개국에서만 부담하고 있다. 아세안 10개국의 경제적 수준이나 규모에 상관없이 10개국이 동일한 비율로 부담하고 있다.

한-아세안 협력기금은 아세안사무국을 운영하는데 들어가는 인건비, 출장비, 관리비 등의 운영비 외에 필요한 아세안과 관련된 사업비 성격으로 쓰이고 있다. 다시 설명하면, 아세안 내 개발격차 해소와 대화상대국 간 우호관계 증진 등을 위한 다양한 사업에 필요한 비용은 각 대화상대국(또는 아세안과 협력하는 국가 등)에서 부담하고 있는데, 우리나라 역시 이와 같은 사업비를 한-아세안 협력기금의 분담금 형식으로 아세안사무국에 매년 송금하고 있는 것이다. 한-아세안 협력기금은 아세안사무국에서 관여하는 사업에 마음대로 쓸 수 있는 것이 아니라 한-아세안 양측의 승인을 득한 한-아세안만을 위한 사업에 쓰이게 된다.

각 대화상대국에서 제공하는 기금의 형태는 다양하며, 금액을 아세안 측에서 정해주는 것이 아니라 각국의 정책 등에 부합하는 방식으로 아세안과 협의하여 부담하고 있다. 우리나라는 1989년 한-아세안 부분 대화관계 수립 시, 그 이듬해인 1990년부터 5년간 연 100만 달러씩 총 500만 달러의 특별협력기금을 제공하기로 합의하였다. 그러나 이전 자료를 살펴보면 아세안은 이 정도 규모의 금액에 만족하지 않았던 것으로 보인다. 하지만 1991년 한-아세안 대화관계가 완전 대화관계로 격상되어 기금 규모가 1992년부터 연 200만 달러로 두 배 증액이 된다. 이후 2004년 한-아세안 대화관계 수립 15주년을 계기로 2005년부터 연간 300만 달러, 2009년 한-아세안 대화관계 수립 20주년을 기념하여 개최된 한-아세안 특별정상회의를 계기로 2010년부터 연간 500만 달러로 증액되었다. 2014년 대화관계 수립 25주년을 기념하여 개최된 한-아세안 특별정상회의를 계기로 2015년부터 연간 700만 달러로 꾸준히 증액되었다.

아세안을 중시하는 정부 정책은 문재인 정부가 들어오면서 더욱 극대화된다. 2017년 11월, 문재인 대통령은 아세안 방문을 계기로 '한-아세안 미래공동체 구상'을 천명하였다.

한-아세안 협력기금 증액표

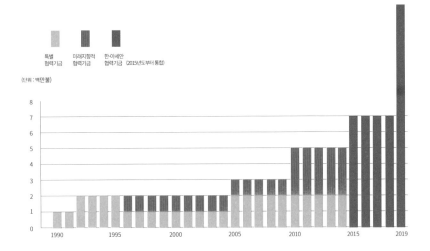

특별
협력기금

미래지향적
협력기금

한-아세안
협력기금 (2015년도부터 통합)

(단위 : 백만불)

이러한 신남방정책의 일환으로 한-아세안 협력기금을 2019년까지 연간 1,400만 달러로 증액하겠다고 발표한다. 기존 700만 달러에서 두 배로 증액을 한 것이다.

문재인 대통령의 공약대로 2019년 한-아세안 협력기금은 총 두 배 증액이 확정되었고 2019년 한-아세안 특별정상회의 결과 문서인 공동의장성명에서도 두 배 증액에 대한 언급이 되어있다. 이렇게 제공된 기금은 1990년 기금 조성 이후 2019년까지 약 10,900만 달러에 이르게 된다.

한-아세안 협력기금, 이렇게 쓰인다

한-아세안 협력기금으로 과연 어떤 사업을 하는 것일까? 한-아세안 협력기금은 우리 정부의 공적개발원조(Official Development Assistance, ODA) 자금, 즉 개발도상국의 발전을 위해 제공되는 공적자금으로 기본적으로 아세안 발전과 우리 국익에도 도움이 되는 비영리적 사업에 쓰여야 한다. 한-아세안 협력기금사업을 정의할 때 주로 한-아세안 간 개발협력, 기술 이전, 인적자원 개발, 문화·학술·청소년 교류 등의 분야에서 양측이 합의하는 다양한 사업에 쓰인다고 얘기한다. 아세안 10개국 중 싱가포르와 브루나이는 OECD 에서 정한 기준에 따라 원조 대상 국가가 아니지만, 한국이 관리하는 한-아세안 협력기금은 우리나라 '국제개발협력위원회' 정책에 따른 ODA 사업을 발굴하는 형태가 아닌, 국제 기구 분담금으로 '다자성 양자사업'으로 분류가 되어 아세안 10개국 모두 참여가 가능하다. 다른 대화상대국 중에서 자국 ODA 정책에 따른 원조 사업으로 아세안 사업이 운영될 경우 브루나이, 싱가포르는 원조 대상국가가 아니며 말레이시아, 태국 등의 경우 이미 원조 졸업국으로 규정되어 사업 국가가 한정되기도 한다. 한-아세안 협력기금 조성 목적 중 하나로 한-아세안 협력관계 증진을 위한 사업이 포함되어 있는 만큼 일부러 제외시키려 하진 않는다.

한-아세안 협력기금 제도 개선

긴 역사를 지닌 한-아세안 협력기금의 운영은 어떻게 개선되어왔을까? 2013년 첫 근무 당시, 한-아세안 협력기금은 한국 측 기관 제안사업, 아세안 측 기관 제안사업으로 나누어져 있었다. 한국 측 제안사업의 경우 1년에 한 번 한국 외교부에서 공모를 통해 약 30건의 사업을 선정하여 사업 제안서를 한꺼번에 아세안사무국 측에 전달한다. 이후 아세안 측 승인 절차를 거쳐 최종 승인을 받아야 사업을 진행할 수 있었다. 승인 절차는 아세안사무국-Sectoral Body(10개 회원국 승인 협의체로 교육 관련 사업의 경우 10개국 교육부)-CPR 등을 거친다. 1년에 한 번 공모를 진행하고 금액이 한정되어 있다 보니 사업을 1년 내로 끝내는 단년도 사업과 소규모 사업 위주로 진행이 된다. 사업분야는 정치·안보 분야에서는 초국가 범죄, 행정역량 강화와 전자정부를, 경제 분야에서는 식량·농업, 정보통신기술을 지원한다. 사회·문화 분야에서는 환경·재난관리·기후변화, 인적교류, 여성, 복지·노동, 스포츠 등 9개로 아세안 3개

공동체의 거의 모든 분야를 아우르고 있다.

   아세안 측 제안사업의 경우 자카르타에 상주하는 아세안 10개 대표부를 통해 각국에서 접수되는 사업을 아세안사무국에 전달하는 경로로 한다. 하지만 어떤 경로로 누구에게 사업이 제출되는지 명확하지 않았고 홍보도 제대로 이루어지고 있지 않았다. 한-아세안 협력사업의 90%가량은 한국 측 시행기관이 제안한 것이었는데, 아세안 측에서는 한국에서 기금을 내고 사업도 한국에서 하는데 아세안에서 행정적 부담만 지고 있다고 생각했다. 상황이 이렇다 보니 사업 제안서 검토가 뒷전으로 밀리는 경우가 많았다. 특히 아세안에서 생소한 사업이나 아세안 측 우선순위에서 밀리는 분야의 사업은 2-3년 동안 아세안사무국 담당자 선에서 묶이거나 분야가 애매한 경우 서로 담당이 아니라고 미루는 상황까지 벌어지기도 했다.

   초기 한-아세안 협력기금이 구축되고 정착되는 과정에서 이전 담당자들이 얼마나 노력을 했는지는 자료만 보아도 알 수 있었다. 예전에는 한국 측 제안사업조차 공모 없이 진행이 되었고 사업 진행에 대한 적절한 기준도 없었다. 담당자들은 공모절차 신설, 우선협력분야나 사업비 관리지침 구축, 회계법인 정산 등 점차적으로 제도를 개선해 나갔다. 제도 개선을 위해 한국과 아세안 10개국 모두를 만족시키는 합의점을 찾았어야 했을 것이다. 내가 직접 경험해보니, 이전 전문관들(평균 근무기간 2년)이 얼마나 고생하며 차근차근 하나씩 개선해 나갔을지 눈에 선했다. 하지만, 타 대화상대국과 비교하고 아세안 측의 수요 파악 및 한-아세안 협력기금 규모 확대 등을 고려하였을 때 좀 더 개선해야 할 부분이 보였다. 진행 과정에서 담당자가 바뀌면서 마무리가 안된 경우도 있어 이를 정리하는 것도 내 일이 되었다. 책임감이나 사명감, 혹은 오기였는지 모르겠지만 내가 시작한 일을 마무리하기 전까지 이곳을 떠나지 못할 것 같았고, 그 예감은 적중했다.

내가 근무하는 동안 한-아세안 협력기금 운영과 관련해 개선된 업무들은 다음과 같다. ①사업 시행기관과 계약 체결 후 사업비 3분할 지급 ②한-아세안 협력사업팀 자카르타 개설 ③운영방식 전환(프로젝트→프로그램 방식) 및 이에 따른 프레임워크 구축 ④한-아세안 측 제안사업 구분 철폐 및 홍보 강화 ⑤한국 측 승인절차 체계화·투명화 등이다.

이 모든 일이 나 혼자 노력한 결과는 아니다. 물론, 최선의 결과가 아닐 수도 있다. 기나긴 협의 과정을 거치면서 처음 생각한 것과는 조금 다른 방향으로 간 것도 있지만, 장기적으로 이러한 개선 과정이 정착화되면 한-아세안 협력기금 운영이 보다 좋은 방향으로 흘러가리라 믿는다.

귀찮을 수도 있는데 끝까지 믿어주고 열심히 협의해준 아세안협력과 과장님, 아세안국 심의관님, 국장님, 그리고 우리의 생각을 아세안 측에 잘 설득해준 아세안대표부 대사님 및 담당 직원들, 그리고 외로운 내게 힘이 되어준 오주희, 강경정, 임미정 전문관에게 고마운 마음을 전한다. 이렇게 훌륭한 동료와 함께 할 수 있다는 것이 내겐 큰 행운이었다. 자카르타 한-아세안 협력사업팀 팀원들에게도 감사의

[오주희 전문관] 현재 NHK 백악관 프로듀서로 워싱턴에서 근무하고 있다.

[강경정 전문관] 외교부 근무 중 남편을 만나 현재 크로아티아에서 외교관 아내로의 삶을 살고 있다.

[임미정 전문관] 현재 EBS에서 과학기술정보통신부의 지원을 받는 '캄보디아 교육 방송 구축 운영' ODA 사업의 부문 책임자로 근무 중이다.

인사를 전한다.

사업 시행기관과 계약 체결 후 사업비 3분할 지급

현재 한-아세안 협력기금은 한-아세안 측 제안사업 구분이 철폐되고 프로그램 방식으로 운영 방식이 전환되어 자카르타에서 서한 및 별도 양식을 작성한 후 다분할 지급이 되고 있다.

다만, 앞서 설명한 바와 같이 첫 근무 당시 협력사업의 대부분이 한국 측 제안사업이었고, 아세안 측에서는 한국 측 제안사업은 한국이 책임지고 관리할 것을 요청했다. 사업 중에는 승인 대기 중인 사업, 사업 진행 중인 사업, 사업비 정산 중인 사업 등으로 다양했다. 이에 따라, 약 100여 건을 국내 전문관 1인이 동시다발적으로 관리해야 하는 시스템이었다. 사업이 제대로 진행되는지 알기 위해서는 현장에 직접 가봐야 하지만 그것은 현실적으로 불가능했다. 사업이 승인되면 사업비 전체를 계약서 없이 시행기관에 일괄 지급하고, 사업 평가를 위해서는 사업 종료 후 도착하는 결과보고서 하나에 의존해야 했기 때문에 사실상 사업 진행이 어떻게 되고 있는지 현실적으로 파악하기 어려웠다. 문제가 발생했을 때 제재할 수 있는 명분도 부족했다.

　이러한 문제를 해결하기 위해 아세안사무국을 대리하여 국내 한-아세안 협력사업팀과 시행기관 간 계약서를 체결하고 사업비를 3분할 지급하는 것으로 변경하였다. 선금 지급 시 착수보고서, 중도금 지급 시 중간보고서, 결과보고서 제출 후 회계법인에 정산보고서를 제출하고 정산 결과에 따라 잔금을 정리하는 식으로 진행하였다. 그렇게 진행하니 사업이 제대로 진행되고 있는지 중간 과정을 확인할 수 있었고 사업비를 이용해 시행기관을 어느 정도 제어할 수도 있었다. 당시 1년 미만으로 사업을 진행하고 있었음을 감안할 때, 시행기관 입장에서는 불필요한 행정절차가 늘어났을 수 있지만 다수의 사업을 관리하기 위해서는 어쩔 수가 없었다. 내 입장에서도 업무적 부담이 늘어나긴 했지만 모든 사업장에 직접 가볼 수 없는 상황에서 착수보고서,

중간보고서 등을 점검하면서 대략의 그림을 그리고 사업비를 부정적으로 사용하는 경우에도 어느 정도 잡아낼 수 있었다.

  퇴사 직전, 감사원에서의 외교부 정기 감사에서 한-아세안 협력기금을 집중 감사한 적이 있었다. 한-아세안 협력기금 자체는 국제기구 분담금이고 또한 나는 공무원이 아니기 때문에 감사 대상이 아니었다. 하지만 한국 측 제안사업에 대한 관리를 위해 국내에서 계약을 체결했고 사업비를 국내 관리 통장에서 분할 지급하였기 때문에 감사원 감사 대상에 해당되었다. 결과적으로는 감사관도 투명한 관리를 위한 절차를 만든 나의 노고에 대해서 높이 평가하였다. 사업비 관리에 있어서도 부정적으로 집행한 것이 없었기 때문에 감사는 힘들었지만 모든 소명을 하고 난 후에는 뿌듯함도 느낄 수 있었다. 간혹 시행기관에서 불투명한 방법으로 사업을 접수하려고 하거나 사업비 집행에 있어 지침 외 예외 적용을 요청할 때가 있었는데 그때는 감사원의 감사 결과를 근거로 제시하며 원칙을 고수할 수 있었다. 감사 당시에는 힘들었지만 결과적으로는 감사원 감사가 한-아세안 협력기금이 보다 투명하게 진행될 수 있도록 밑거름 역할을 해주었다.

한-아세안 협력사업팀 자카르타 개설

한-아세안 협력기금 사업을 관리하는 한-아세안 협력사업팀(전문관 2인)은 외교부에 상주하고 있지만 사실상 기금관리는 아세안사무국에서 한다. 표면적으로는 아세안사무국이지만 호주, 일본 등 대화상대국과 독일과 같은 아세안의 여타 협력 국가들도 아세안사무국 내에 사업을 관리하는 팀을 개설하고 있다. 그들 국가는 자국과 아세안 국적의 인력을 채용하고 아세안사무국과 서비스 계약을 체결하고 있다.

한국의 경우, 한국 측 사업이 주를 이루고 있기 때문에 한국에 있는 팀이 주로 업무를 관리했지만, 장기적으로 아세안 측과 긴밀하게 협력하기 위해서는 자카르타 내에 한-아세안

협력사업팀 구축이 필요했다. 사업 승인이 지연되는 이유 중 하나가 아세안과 사업에 대해 미리 논의하지 않고 제안서를 제출하기 때문인데, 자카르타팀이 개설되면 아세안사무국 직원과 수시로 논의하며 아세안 측 수요에 맞는 사업을 발굴할 수 있다. 또한 한-아세안 협력사업을 진행함에 있어 한-아세안 기관 간 네트워크 구축에 있어 자카르타팀이 구심점이 되어 유사 사업을 제안한 기관을 연결하는 역할을 해줄 수도 있었다. 자카르타에 팀이 개설되면 서비스 계약이긴 하지만 아세안사무국 즉, 국제기구와 계약을 체결하므로 국내 아세안·개발협력 인력의 국제기구 진출도 가능했다. 아세안 측 입장에서도 자국 직원을 채용하고 한-아세안 협력사업 제안을 위한 접근이 쉬워지니 반대할 이유가 없었다.

한-아세안 협력기금 운영방식 전환과 자카르타팀 개설에 대한 논의가 동시에 이루어지고 있던 시기였던 터라 2014년에 자카르타에만 3번이나 출장을 가 설명을 하였다. 직접 가지 못할 때에는 아세안대표부 전문관이 대신 아세안 측에 설명을 해주었다. 전문관이 열심히 도와주었지만 논의가 예상보다 길어지는 데다 대표부 인력 상황을 고려하였을 때 해당 전문관이 기금에만 매진할 수 없는 상황이었다. 아세안 측에서도 긴밀한 협의를 위해 당분간 자카르타에 상주하여 협의해줄 것을 내게 요청하였다. 하지만 나 역시 한국에 동시다발적으로 진행되는 사업들이 있었고, 다른 일을 제쳐두고 자카르타에만 머물기도 힘든 상황이었다. 결국 컨설턴트 형태로 1인을 추가 채용하기로 아세안 측과 협의하였다. 2016년 채용된 박민정 Programme Manager(PM)가 힘들고 길게 이어진 일들을 성공적으로 마무리했다.

　2016년 말 최종 합의를 거쳐 2017년 3월 공식 개설한 자카르타팀에는 팀장(대표부 참사관이 겸직), 한-아세안 국적의 Programme Manager(PM) 각 1인(현재 아세안 T.O에 인도네시아인이 채용), 인도네시아 현지 Programme Officer(PO) 1인 등 총 4인으로 구성되어 있다. 기금 규모가 확대되고 자카르타팀 업무가 정착되어가고 있는 만큼 점차적으로 인력이 충원될 예정인데, 2020년 6월 현재 한국인

2017년 3월, JCC 계기 개최된 한-아세안 협력사업팀 개설 행사

PM 1인 및 Finance Officer 1인을 추가 채용 중이다.

　맨땅에 자카르타팀 개설의 씨앗을 뿌린 박민정 PM이 떠난 자리에는 현재 김수형 PM이 열심히 일하며 팀의 성장과 정착에 기여하고 있다. 팀이 개설될 때에는 아세안사무국 공간이 부족하여 대표부에서 근무를 시작하였는데 아세안사무국이 새로운 건물로 이전된 만큼 협력사업팀도 사무국을 따라 조만간 이전될 예정이다. 지난해에는 중국 협력사업팀이 개설되었는데 중국은 아세안 측으로부터 우리나라 팀을

↗ [박민정 PM] 현재 숙명여자대학교 글로벌서비스학부 초빙교수로 근무하며 개발협력 전공 과목을 강의 중이다.

↗ 2019년 7월 캄보디아에서 개최된 한-아세안 협력기금 워크숍 계기 자카르타 및 서울 AKPMT 직원 기념촬영 (가장 오른쪽은 현재 AKPMT팀장을 겸하고 있는 주아세안대표부 박복희 참사관)

우수사례로 소개받아 수없이 벤치마킹을 했다. 자카르타팀원들이 열심히 닦아놓은 그 자리에 나도 언젠가 기회가 되면 가서 상주하며 일해 보고 싶은 바람이 있다.

운영방식의 전환과 프레임워크 구축

한-아세안 협력기금 운영에 있어 초반에는 단년도 소규모 사업이 주를 이루었다. 당시 1년에 500만 달러 기금 규모를 평균으로 따졌을 때, 약 15만 달러 정도의 사업이 다양한 분야에서 30건 진행되는 셈이었다. 기금 규모가 늘면 50건, 100건 규모로 사업이 진행되는 것은 시간문제였다. 한국과 아세안 10개국을 모두 포함해야 하는 한-아세안 협력기금 사업 특성을 고려했을 때, 사업의 구성은 결국 일주일 미만의 워크숍, 세미나, 연수, 인적 교류 등으로 구성될 수밖에 없었다. 다양한 기관에서 다양한 사업을 시행한다는 장점도 있었지만, 단편적으로 운영되는 사업들이기에 장기적 성과나 사업 간 교류를 통한 유기적 성과를 찾아내기가 쉽진 않았다. 하물며, 시행기관 입장에서도 1년 단위로 사업을 제안해야 하니 다음 해에 사업이 선발되지 않으면 중간에 사업이 끊기게 되는 경우도 발생하였다. 사업을 제대로 종료하지 못해 차기 사업을 제때 착수하지 못하는 문제도 발생하였다.

당시 한국 및 세계적인 개발협력 추세도 선택과 집중, 그리고 파트너십이 강조되던 시기였고, 아세안 사업을 하고 있는 타 대화상대국 대부분이 프로그램 방식으로 사업을 운영하고 있었다. 프로젝트 방식이란 한국과 같이 단발적인 사업을 건별로 선별하여 운영하는 것이었고, 프로그램 방식은 우선협력분야에 따른 장기적 계획과 프로그램을 미리 구축해둔 후에 이에 부합하는 사업자를 선정하여 운영하는 것이었다. 프로그램으로 운영방식이 전환되면 장기적 계획을 구축해 두고 다년도의 대규모 사업을 운영하게 되는데 사업 간 시너지 효과도 낼 수 있는 장점이 있었다.

아세안 측에서도 프로그램 방식으로 전환하는 데에는 큰 이견이 없었다. 문제는 구체적인 프로그램 즉, 우선협력분야, 목표, 타깃 등을 설정한 프레임워크 협의 시 발생하는 이견이었다. 호주의 경우, 처음에 프로젝트성 사업들이 다수 운영되었고 이를 토대로 현재와 같은 프로그램이 나왔다고 했다. 아세안 측에서는 호주 방식을 우수사례라고 추천까지 하였다. 그런데 그러한 호주방식을 차용한 우리의 프레임워크를 두고 아세안 측에서 이견을 제시했다. 예상하지 못했던 일이었다.

박민정 PM이 자카르타로 떠나기 전 함께 국내 개발협력 및 아세안 전문가와 면담을 가진 결과와 국제개발협력 추세 (UN의 지속가능한 개발목표-Sustainable Development Goals, SDGs), 한국 개발협력 추세(국별 우선협력분야), 아세안 Vision 2025 및 3대 공동체 청사진, 한-아세안 협력관계(한-아세안 동반자관계에 관한 공동선언 이행을 위한 행동계획 2016-2020) 등과 기존에 진행되었던 한-아세안 협력사업들을 나열하고 공통분모를 찾았다.

그 결과, 우선협력분야를 교육, 문화, 환경 등 3개 분야로 축소했다. 호주 등 타 대화상대국들은 아세안 경제공동체 지원에 초점을 맞추고 있는 반면, 한국은 사회·문화 분야에 강점을 가지고 있고 사업을 많이 진행하고 있는 만큼 목표를 아세안 사회·문화 공동체 지원으로 정했다. 그리고 이에 부합하는 목표, 타깃에 따른 사업들을 미리 구상하고자 하였다.

하지만 이를 두고 아세안 측에서 우려의 목소리가 들려왔다. 아세안 측에서는 미리 사업을 정해두거나 해당 분야가 줄어들면 자신들이 사업할 수 있는 여지가 줄어들기 때문에 결국 기존과 같이 한국이 모든 사업을 독자적으로 진행하는 것은 아닌지 의심을 하고 있었다. 우리는 운영방식을 변경하는 것도 자카르타팀을 개설하는 것도 모두 아세안 사업을 늘리고 한-아세안 간 긴밀한 협력을 위한 것임을 강조했다. 더불어 사업 추진 목표의 범위를 사회·문화에 한정하지 않고 '아세안 Vision 2025 실현에 기여'로 넓혔다. 협력분야를 3개 분야로 두되 상부 목표로 가기 위해 필요한 여타 분야 사업도 유기적으로 연결하여 제안할 수 있도록 여지를 남겨 두는 선에서 아세안 측과 협의를 마무리했다.

프레임워크 설정 기간이 2017년-2020년이긴 했지만, 실제로 프로그램 방식으로 사업을 채택하고 운영된 것은 얼마 되지 않았다. 그러나 2020년에 프레임워크가 마무리되는 만큼 중간 점검을 하고 향후 프레임워크를 구축하는 작업이 현재 진행 중에 있다. 실제로 자카르타팀이 구심점이 되어 사업을 신청받고 있기에 접수된 사업들을 통폐합하는 작업과 함께 프로그램화 또한 더욱 체계적으로 진행되고

한-아세안 협력기금 프레임워크 2017-2020

GOAL

**To Contribute to the realization of
ASEAN Vision 2025**

Sector	Education Tentative allocation: 2million		Environment Tentative allocation: 2million		Culture Tentative allocation: 2million
Objectives	 Strengthen the ASEAN Community Awareness	 Reduce Development Gap at Regional (ASEAN-wide) level	 Enhance Ecosystem Management	 Enhance Climate change Cooperation	 Promote Culture and Media Industry development in ASEAN
Targets	Promote ASEAN studies /Provide fellowships opportunities for Young scholars	Promote eco-friendly agriculture / institutionalize gender studies / promote technical and vocational education and training (TVET)	Strengthen reginal cooperation on forest ang bio diversity conservation	Promote ASEAN-wide renewable energy adaptation	Encourage technical cooperation among performance's directors, broadcasters, content producers, young players, coaches, etc.

OBJECTIVE

Interlink with AEC, APSC
to create a conducive environment
for the AKCF frame work

Facilitate policy dialogue with ASEAN-related agencies, Think-tanks, UN agencies, other international organizations, and other dialogue partners / Support for the development of Blueprint 2016-2025 of the three pillars (APSC, AEC, ASCC) implementation reviewing system

(출처 : 한-아세안 협력기금 매뉴얼 9페이지)

있다. 프레임워크와 프로그램 방식의 효과적인 운영이 기대된다.

한-아세안 제안사업 구분 철폐 및 홍보 강화

프레임워크에 합의했다고 해서 끝난 게 아니었다. 운영 방식이 전환되었거니와 자카르타에 팀이 구축된 만큼 기존에 한-아세안 측 제안사업이 이분화되어 운영되던 것을 일원화하고 체계화하는 작업이 필요했다. 한국 측 제안사업의 경우, 별도로 사업비 관리지침을 만들고 계약 체결 후 3분할로 사업비를 지급하는 등 사업 운영에 대한 가이드라인이 구축되어 있었으나 아세안 측 제안사업에 대해서는 구체적인 가이드라인이 없었다. 그렇다고 한국에 적용되는 것을 그대로 아세안에 적용할 수는 없었다. 해서 한국의 가이드라인과 아세안사무국 지침을 적절히 혼합하여 통합 운영 매뉴얼을 2017년 12월 아세안 측과 최종 합의하고 2020년 1월 한차례 개정하였다. 매뉴얼은 한-아세안 협력기금 홈페이지(www.aseanrokfund.com)에서 다운로드할 수 있다.

모든 기본 세팅이 마무리되었지만 아세안 측 제안사업은 여전히 무언가 부족했다. 아세안 측 제안사업은 첫째, 홍보가 부족했고 둘째, 사업을 구상하거나 복잡한 제안서를 영문으로 작성할 역량이 부족했다. 이에 따라 아세안 10개국을 순회하면서 홍보 및 설명 워크숍을 진행할 것을 서정인 당시 아세안대표부 대사가 제안하였다. 아세안사무국, 일본 및 여타 국가에서 이미 시행하고 있었기에 아세안 입장에서는 환영할 만한 것이었다. 워크숍에서는 한-아세안 협력기금에 대한 설명은 물론, 우수 사업 시행기관 담당자들이 함께하며 경험을 공유해 주었다. 또한 제안서 작성 요령을 설명하고 실제 제안서가 있는 경우 일대일 상담을 공식적으로 진행했다. 한국 측 시행기관을 찾을 경우 직접 연결을 시켜 주기도 하였다.

2017년 4월 베트남 하노이에서의 제1차 워크숍을 시작으로, 2차 미얀마 네피도(2017년 8월), 3차 라오스 비엔티안

2017년 베트남에서 개최된 제1차 한-아세안 협력기금 워크숍

(2018년 4월), 4차 브루나이 반다르스리브가완(2018년 12월), 5차 캄보디아 프놈펜(2019년 7월) 등의 순으로 진행이 되었다. 2019년 12월에는 인도네시아에서 기금 운영 현황 및 프레임워크 점검을 위한 세미나도 개최되었다. 워크숍 때마다 약 100여 명의 현지 관계자들이 참석하며 높은 관심을 보였다. 실제로 워크숍 영향으로 아세안 측 사업이 급격하게 늘어난 동시에 한-아세안 공동사업으로까지 발전된 사업도 많았다.

이 외에도 한-아세안 협력기금 홍보를 위해 로고 제작,

리플릿 제작, 홈페이지 구축, 홍보물품 제작 등의 업무도 추가적으로 진행하였다. 사업 진행자들이 외교부, 아세안사무국 등의 로고를 일관성 없이 사용하여 한-아세안 협력기금 사업의 진행 주체에 대한 혼란이 있을 수 있었는데 새로운 로고 덕분에 기금 사업이 제 모습을 찾은 것 같아 뿌듯함이 크다. 또한 기금 사업에 대한 정보를 쉽게 찾아볼 수 있도록 2017년 6월 홈페이지를 구축하였으나 다른 업무가 많아 활발하게 운영을 하지 못했는데 자카르타팀에서 멋지게 리뉴얼을 하여 정보를 수시로 업데이트해 주고 있다. 2013년 6월에 제작된 협력기금 홍보 동영상을 새롭게 만들고 싶었는데 예산 등의 이유로 이를 마무리하지 못한 것은 끝내 아쉬움으로 남는다.

제안사업 선발 심의 투명화 및 제도 정착

초반에 1년에 한 번 공모를 통해 한국 측 제안사업을 선발할 때에는 공모 기간 동안 KOICA, 관련 교수 및 전문가 등에게 심사를 의뢰하여 사업을 선발하였다. 하지만 일회성 심사였으므로 심사위원들은 사업을 선정한 이후에는 그 사업들이 어떻게 진행되고 있는지 파악할 수 없었다. 아세안 측 제안사업의 경우에는 사실상 외교부 내 승인 단계만 거치면 되었기에 외부에서는 어떤 사업이 진행되고 있는지 알 수가 없었다.

이에 사업을 수시 공모로 전환하고 한-아세안 사업 절차를 일원화한 후에는 한국 측 최종 승인을 위해 관계 부처, 한-아세안센터, 아세안문화원 등에 공문을 보내 사업 검토를 요청하였다. 사업이 수시로 들어오고 분야가 다르기 때문에 건별로 대면심사를 할 수 있는 여건이 되지 않았기 때문이었다. 한국 측 심의 과정에 대한 체계화가 무엇보다 시급했다. 몇 년 전부터 논의되던 문제였는데 다른 협의들이 동시에 진행되는 과정에서 한국 측 심의 과정만 정립하기가 쉽지 않았다. 결국, 2019년에 구체적인 계획을 수립하여 외교부 아세안국장을 심의위원장으로 하고 외교부 내 관련 부서, 관계 부처, KOICA, 한-아세안센터, 아세안문화원 등에서 과장급을 추천받아 총 12명으로 구성된 한-아세안 협력기금 독립심의위원회가 구축되었다.

선뜻 심의위원회를 구축할 수 없었던 것은 관계 부처에서 심의에 소극적일까 봐 우려했던 면도 있었기 때문이다. 하지만 2019년 10월 제1차 심의회를 개최할 당시 대부분의 위원들이 참석하여 열띤 논의와 함께 사업을 심의하는 것을 보고 괜한 우려를 했다는 생각이 들었다. 심의는 기본적으로 연 4회 대면 개최를 통해 이뤄지고 필요시 서면으로 대체할 수도 있다.

나는 제1차 심의회만 보고 퇴사하게 되었지만 심의회가 정착되어 보다 투명하고 체계적인 사업선정이 이루어지는데 미력이나마 기여했다는 사실이 나를 기쁘게 한다. 부디 심의제도가 제대로 정착되어 협력기금이 애초의 바람대로 체계적이고 투명하게 쓰이길 바란다.

제4장 아세안에 피어나는 꿈

사업 제안 요건과 요령

변경된 운영방식에 따른 사업제안서 제출 방식과 심의 진행, 그리고 제안서 작성 팁에 대해 알아보겠다. 먼저, 어떤 기관에서 어떤 사업을 제출할 수 있는지 알아보자. 통합 운영 매뉴얼을 살펴보면 보다 자세한 내용을 확인할 수 있다.

사업 제안은 한국과 아세안 관련 기관이면 가능하며, 국제기구는 협의를 통해서만 지원이 가능하다. 국제기구 지침과 한-아세안 협력기금 지침이 상이해 제외되는 경우가 종종 있다. 한-아세안 협력기금은 공적개발원조(Official Development Assistance, ODA) 자금으로 진행되는 사업이다. 영리를 추구하는 기관은 배제하고 있으며 개인적으로 사업을 제안하는 것도 불가능하다. 통상적으로 지원 가능한 기관은 정부부처 및 관계기관, 비영리법인, 대학교 및 부설연구원 등이 있으며 아세안사무국 및 아세안 정부 간 기관도 제안이 가능하다.

지원 요건에 맞는 기관이 된다면, 그다음엔 어떤 요건에 맞춰 사업을 구성해야 할지 정해야 한다. 우선 한-아세안 협력관계 증진, 아세안 개발협력에 도움을 주어야 한다는 점을 명심해야 한다. 또한 제출하는 기관에 도움이 되는 사업은 원칙적으로 배제된다는 점도 알아야 한다. 기관에 강점이 있는 사업을 제출하는 것도 중요하지만, 그 장점이 실제로 아세안에 필요한 것이지 사전에 조사하고 사업을 구성해야 한다.

이러한 원칙을 바탕으로 준비된 사업은 아세안 1개 국가만 포함해서는 안 되며 일반적으로 아세안 10개 회원국 및 한국이 함께 참여할 수 있어야 한다. 한 번에 10개국을 포함하는 것이 어려운 경우, 다년도 사업을 구성할 때 국가를 나누어 10개국을 포함하는 것도 가능하다. 다만, 아세안 내에서 개발 격차 완화를 통한 아세안 통합이 중점 과제인 만큼 개발 격차 완화에 도움이 되는 아세안 통합 이니셔티브(Initiative for ASEAN Integration, IAI) 사업의 경우 CLMV(캄보디아, 라오스, 미얀마, 베트남)만 포함해도 무방하다.

이러한 조건을 만족했을 때 자세히 살펴보아야 하는 문서가 바로 '아세안 Vision 2025 및 아세안 3대 공동체 청사진 Action Line'이다. 긴 문서이긴 하지만 기관에서 원하는 분야와 그에 해당하는 부분만 찾아 읽어도 된다. 해당 Action Line은 그리 길지 않다. CLMV 국가사업을 원하는 경우 IAI 워크 플랜을 살펴보는 것도 좋다. 각 분야별로 제시된 중장기 행동계획을 모두 읽으면 좋겠지만, 아세안 Vision 2025 및 아세안 3대 공동체 청사진 Action Line에서만 찾아 읽어도 충분하다. 모든 문서는 아세안사무국 또는 한-아세안 협력기금 홈페이지에 게재되어 있다.

한국에서 지원하는 만큼 한국과 아세안의 협력을 위한 사업도 중요한데, 5년 단위로 갱신되는 '한-아세안 전략적 동반자관계에 관한 공동선언 이행을 위한 행동계획(2016-2020)'에서 규정하고 있는 협력 자료를 살펴보면 된다. 사회·문화 협력 부분을 중점적으로 보면 어렵지 않게 내용을 파악할 수 있을 것이다.

또한 '한-아세안 협력기금 프레임워크(2017-2020)'에서 우선협력분야를 교육, 문화, 환경으로 규정하고 있으므로 이 세 개 분야에 부합되는 것으로 준비하면 좋다. 세 개 분야에 부합하지 않더라도 아세안 Vision 2025 실현에 기여할 수 있다는 것을 전제로 이 세 개 분야와 유기적으로 연계하여 도움을 줄 수 있도록 사업을 구성하면 충분히 가능성이 있다.

사업 승인 절차

한-아세안 시행기관에 동일하게 적용되는 변경된 승인 절차 흐름은 다음 표와 같으며, 세부 설명을 덧붙여 보겠다.

한-아세안 협력기금 사업 승인 절차

사업공모(수시) 및 사업 제안서 접수 → 한-아세안 협력사업팀(AKPMT) 스크리닝 및 주아세안 대한민국대표부 검토 → 한국 외교부(아세안국) 검토 → 아세안 측 심의(아세안사무국, 분과위원회, 상주대표위원회_CPR) 및 승인 → 우리 측 심의 및 사업 최종 승인 → 사업비 분할 송금 → 사업시행 → 결과보고서 제출 → 정산 → 잔액 반납 등

- 사업공모 및 사업 제안서 접수

사업은 수시로 공모하고 있으며, 작성한 제안서를 자카르타의 한-아세안 협력사업팀 대표 메일(submission_

AKCF@asean.org)로 송부하면 된다. 원래는 사업의 틀을 미리 짜두고 그 틀에 맞춰 사업 분야별 입찰 형식으로 공모하고자 하였다. 그러나 앞에 설명한 바와 같이 아세안 측에서 사업 범위가 줄어들 것을 우려하였다. 한-아세안 협력기금에 대한 아세안 측 인식이 부족했던 바, 1년에 몇 번 시기를 정해놓고 공모를 하는 것보다는 수시로 사업 제안을 할 수 있는 방식을 선호하는 그들의 바람대로 수시 접수로 전환시켰다. 수시 접수는 사업 착수 일에 따라 유동적으로 시행기관 스케줄에 맞게 사업을 편성할 수 있는 장점이 있다.

- 예비 검토

이렇게 접수된 사업은 한-아세안 협력기금 사업 요건에 부합하는지에 대한 검토가 우선 이루어진다. 한-아세안 협력사업팀에서는 다음 단계로 넘어갈 수 있는 사업인지, 제안서를 제대로 작성했는지 종합적으로 검토하고 수정 사항을 요청한다. 11개국에서 모이는 사업이다 보니 유사사업이 간혹 보이는데, 이 경우 AKPMT 측은 시행기관 간 사업을 연계시키거나 통합 프로그램으로 발전시키는 제안을 하기도 한다. 이렇게 탄생된 프로그램 사업 중 하나가 '아세안 역내 이동을 통한 직업기술교육훈련사업'이다. 동 프로그램은 한-아세안 기관에서 제출한 세 개 제안서 안에 직업훈련 관련 시장분석, 시스템 개발 및 개선, 인턴십 및 연수 등 다양한 사업을 하나로 묶어 놓았다. 한국의 상공회의소를 중심으로 유기적으로 연결된 사업이 시너지효과를 낼 수 있도록 했다. 한-아세안 협력사업팀에서 어느 정도 정리가 된 제안서는 주아세안 대한민국대표부, 그리고 한국 외교부 아세안국의 검토를 거친 후 아세안 측에 공식적으로 승인을 요청하게 된다.

- 아세안 측 승인

그런데 왜 한국에서 먼저 승인을 하지 않고 검토만 한 후 아세안 측 승인을 얻는지 궁금할 수도 있을 것이다. 이는 아세안 측에서 아세안 관련 사업에 대한 절차를 미리 규정하였기 때문에 이를 따라야 하기 때문이다. 아울러 아세안 측의 수요를 미리 파악하기 위함이며, 아세안 측 수요에 따른 승인 과정에서 사업 제안서 수정이 다수 이루어지고 있기 때문이다. 한국에서 먼저 승인을 하였다고 하더라도 아세안 측에서 최종 승인된 사업 제안서에 대해 한국에서 한 번 더 검토하고 승인을 해야 하는 번거로움이 있기 때문이기도 하다. 다만, 아세안 측에서 승인한 사업을 한국의 최종 승인 단계에서 꼭 승인해야 한다는 부담이 있을 수 있기 때문에 한국의 최종 승인을 위한 독립심의회 개최 시, 예비 검토를 해야 하는 제안서가 있다면 사업 중복 방지 및 적합성 검토 차원에서 대략적인 검토를 하기도 한다.

사실, 아세안 측 승인 단계는 좀 복잡하다. 첫 번째 단계로 아세안사무국 내에서 실무자 검토와 위원회를 열어 검토하는 아세안사무국 검토 단계가 있다. 그다음 두 번째 단계로 분과위원회(Sectoral Body) 검토가 있는데, 이 단계가 사실상 제일 중요하다. 예를 들어, 문화 관련 사업인 경우 아세안 10개국으로 구성된 문화 관련 위원회(보통 문화 관련 중앙 부처 간 모임)에 사업 제안서를 회람하고 10개국의 의견을 받는다. 10개국 중 1개국이라도 이견이 있으면 다음 단계로 넘어갈 수 없다. 사업 승인은 문서상으로 이루어지기도 하고,

관련 회의가 있으면 회의 안건으로 상정하여 사업 승인 여부를 검토하기도 한다. 따라서 한-아세안 차원의 협의체가 있는 경우, 우리 관계부처에서 사업 승인을 위한 의제를 상정한다면 회의 안에서 사업 승인이 바로 날 수도 있다.

이렇게 분과위원회 승인까지 거치고 나면 아세안 측 승인의 마지막 단계로 주아세안 10개국 아세안 대사로 구성된 상주대표위원회(Committee of Permanent Representatives, CPR) 통과만 남겨놓게 된다. 분과위원회에서 승인한 사업이면 통상 CPR에서 형식적인 승인을 하지만, 그래도 마지막 절차인 만큼 매우 중요하다. 분과위원회에서 이견이 있는 국가가 있으면 CPR을 통해 설득작업을 시도하기도 하며 각 국가에서 제안한 사업에 대한 지지를 CPR을 통해 요청하기도 한다.

- 우리 측 최종 승인

아세안 측 승인이 끝나면 외교부 아세안국장을 심의위원장으로 하여 외교부 내 관련 부서, 관계 부처, KOICA,

한-아세안센터, 아세안문화원 등에서 과장급을 추천받아 총 12명으로 구성된 한-아세안 협력기금 독립심의위원회를 통해 최종 승인을 하게 된다. 대면 심사 또는 서면 심사를 하는데 필요시 한국 기관의 경우 직접 사업을 설명할 수 있는 기회가 주어지기도 한다.

- 사업비 지급 및 진행, 결과보고서 및 정산보고서 작성

사업이 최종 승인되면 한-아세안 협력사업팀 안내에 따라 서류를 작성하고 사업비를 분할 지급받아 사업을 진행하게 된다. 사업비 분할 지급은 사업에 따라 상이하며, 사업에 대한 세부 성과 지표를 시행기관에서 작성하여 각 성과를 달성하지 못하면 그다음 분할 지급되어야 할 사업비를 지급받지 못할 수도 있다. 또한, 각종 보고서 제출 및 정산 과정에서 문제가 발생할 경우 다음 사업 제안에 제약이 있을 수 있으므로 사업이 승인된 후라도 성실하게 사업을 진행해야 성공적으로 사업을 마무리할 수 있다. 한국 측 제안 사업의 경우 한국의 회계법인을 통한 정산이 이루어지고 아세안 측에서는 아세안사무국 내 회계팀에서 검토하고 있다. 향후 한-아세안 협력사업팀 내에 회계 인력을 채용하여 일관성 있게 검토할 수 있도록 할 예정인데, 2020년 6월 현재 관련 인력을 채용 중에 있다.

사업 제출부터 승인까지는 약 6개월 이상 소요되며, 사업 승인 과정에서 수정 사항이 많을 경우 몇 년이 소요되기도 한다. 사업 기간은 사업에 따라 상이하나 프로그램방식으로 전환된 이후 대규모 다년도 사업을 선호해 보통 3-5년 정도이며 규모 또한 방대해졌다.

사업 제안서 작성 팁

위에 적시한 요건과 절차를 만족시켰다고 하더라도 모두 승인이 되는 것은 아니다. 단계별 승인 과정에서 많은 제안서 수정이 요구되는데, 이 과정에서 사업 착수가 되지 않을 수 있다. 제안서 수정 과정이 길어지면 아무래도 승인 소요 기간이 길어질 수밖에 없다. 이에 따라 아세안 측의 수요에 부합하는 제안서를 작성하여 승인을 받을 수 있도록 하는 것이 중요하다.

사업 제안서는 크게 개요(시행기관 정보, 아세안 공동체 Action Line 부합 여부, 사업개요 등), 사업 배경(문제점 분석, 사업 수혜자, 유사 사업 수행 여부 등), 사업 설명(사업 목표, 성과물, 성과측정지표, 세부 사업 등), 기타 사항(투입인력, 사업 지속가능성, 젠더 및 범 분야 이슈, 사업 수행 시 위험요소 등)으로 구성되며, 예산 및 일정 관련 계획을 첨부한다. 사업 제안서 작성 요령에 대해서는 아세안사무국 및 한-아세안 협력기금 홈페이지에 문서가 등록되어 있으니 참고하면 된다.

이번엔 사업 제안서를 꾸미는 데 도움이 될 만한 팁을 적어보겠다. 나는 주로 사업을 검토하고 관리하는 입장이었기 때문에 직접 제안서를 쓸 기회는 많지 않았다. 하지만 수백 건의 사업을 다년 간 검토 및 관리해 본 경험이 있기에 나름대로 요령을 체득할 수 있었다.

아세안사무국 사업 제안서 양식 샘플
(첫페이지)

 ASEAN Cooperation Project Proposal

(For assistance on how to complete this template, you can refer to the see the "Handbook on Proposal Development for ASEAN Cooperation Projects" which can be downloaded at url)

---

1. PROJECT DETAILS

Project Identification Code (to be completed by the ASEAN Secretariat):

Project Title:
Provide a concise project title that captures the essence of the proposed project. Please consider reflect the main purpose of the project in the title, and not just the project activity or event

Brief Project Description – 300 words max:
Provide a brief description of the proposed project, its objective and key outputs or activities. It should be succinct but contain enough information to explain to approving bodies how the project will contribute to ASEAN's goals

Recurring Project: Yes ☐ **No** ☐ **If Yes, Previous Project Identification Code:**
Indicate whether the proposed project is part of a series of projects (with similar objective(s), outputs, and activities)

(For more details, see the "Handbook on Proposal Development for ASEAN Cooperation Projects" Page XX)

Project Classification:
Indicate the Scope and Pillar

(For more details, see the "Handbook on Proposal Development for ASEAN Cooperation Projects" Page XX)

Scope:	**Single Sector** ☐	**Cross-Sector** ☐	
Pillar:			
	(Main) Blueprint:	**Connectivity** ☐	**IAI** ☐
	(Main) Characteristic:	**Linkage:**	
	Action Line(s):	**Strategy:**	
	Action(s):	**Key Action(s):**	

Information below to be completed by the ASEAN Secretariat:

Nature of Coopera-tion:	Confidence Building ☐ Harmonisation ☐ Special Assistance ☐ Joint Effort ☐ Regional Integration / Expansion ☐
Type of	Policy Initiative ☐

첫째, 아세안을 이해해야 한다. 어찌 보면 당연한 이야기인데, 너무나 당연한 것이기 때문에 간과하는 사람들이 있다. 제안서에 아세안 10개국조차 다르게 명시하거나 아세안에서 다루지도 않는 이슈를 사업 제안서에 넣는 경우도 있다. 이럴 경우, 다양한 검토 의견과 함께 사업 제안서가 되돌아오는 것은 당연하다. 아세안 10개국은 물론 아세안 협력기금의 개념조차 제대로 파악하지 못하면서 사업을 제안했다는 것이 드러나면 당연히 걸러지게 될 것이다. 기금에 대한 이해도 없이 그저 자금 지원만 묻는 문의가 들어오면 담당자로서 솔직히 화가 나기도 한다. 적어도 아세안에 대해, 한-아세안 협력사업에 대한 기본적인 이해를 한 후 신청을 해야 한다.

둘째, 스토리를 엮어 설득해야 한다. 제안서를 통해 '이 사업을 꼭 아세안과 함께하고 싶다'는 의지를 스토리로 엮어 보여줄 수 있다면 선정 가능성이 높다. 문제점 분석 – 사업 구성 – 목표 및 성과물을 유기적으로 연계해 보여줌으로써 심의위원들로 하여금 '아, 이래서 이 사업을 해야 하는구나'

하는 심적 동의를 이끌어내야 한다. 더불어 이 사업을 왜 우리 기관에서 해야 하는지 납득시켜야 한다. 즉, 기관의 전문성이 부각되어야 하는데, 초등 교육에 특화되어있는 기관에서 갑자기 환경사업을 제안한다거나 문화 전시에 특화되어있는 기관에서 갑자기 아세안 학자 연구 사업을 제안한다면 누구라도 갸우뚱할 것이다.

셋째, 눈에 보이는 성과를 내야 한다. 한정된 기금을 효과적으로 사용하기 위해서는 어쩔 수 없이 눈에 보이는 무언가가 필요하다. 책자 발간, 전시 및 공연, 영화 등 눈에 실제로 보이는 무언가가 될 수도 있고, 수치 등을 통해 많은 사람들이 사업 혜택을 받을 수 있다는 것을 보여줄 수 있어야 한다. 일반인들도 기금 및 사업에 대한 긍정적인 인식을 갖게 하는 것은 물론, 혜택 또한 받는다는 것을 보여주어야 한다. 중·장기 목표가 뚜렷하거니와 진행 과정에서 구축한 네트워크를 잘 관리하고 있다는 것을 보여주는 것도 중요하다. 예를 들어 청소년 교류 사업에 참가한 인력이 정부 고위급 인사나 유명 인사라면 성과 면에서 내세우기 좋은 카드가 될 수 있을 것이다.

최종 관문을 통과한 사업들, 그리고 성과

그 모든 힘든 절차를 거쳐 살아남은 사업 중에 특히 기억에 남는 사업들을 소개해 보겠다.

성공 사업 사례: 한-아세안 차세대 영화인재 육성사업 (부산영상위원회)

부산영상위원회 사업은 전임자 시절부터 거론되던 우수 사업의 표본이었다. 물론, 사업 담당자의 주관적 평가이기도 하지만 대체적으로 인정받는 우수 사업이기도 하다. 영화 사업이기 때문에 눈에 보이는 성과를 표현하는 데 있어 가장 적합한 분야였을지 모른다.

한-아세안 차세대 영화인재 육성사업(ASEAN-ROK Film Leaders Incubator, 일명 FLY 사업-약어로 하면 FLI이지만 FLY로 명칭하면서 사업의 가시성과 상징성을 높였다)은

2018년 싱가포르에서 개최된 FLY 단편영화 촬영 모습

2012년부터 시작되었다. 매년 한-아세안 영화 인재를 한-아세안 각국에서 2명씩, 총 22명을 모아 약 2주 동안 강연, 단편영화 제작 등이 포함된 워크숍을 진행한다(매년 국가 순회). 2주간의 워크숍을 진행하기 이전부터 몇 개월간 팀을 구성하여 시나리오 작업 등 영화 제작에 필요한 준비 작업을 하게 되며, 함께 모인 2주 동안 영화 제작을 주로 하게 된다.

부산은 아시아 최초 유네스코 지정 영화 창의도시이다.

2017년 한-아세안 문화교류의 해 계기, 부산국제영화제 기간 중 개최된 FLY 영화제 개막리셉션

영화의 도시인만큼 이 사업을 통해 연계할 수 있는 부분이 너무나 많았다. 2016년도에는 부산아시아영화학교가 부산에 구축되었는데, 이 사업이 영화학교 구축에 일정 부분 기여를 했다고 할 수 있다. 실제로 사업이 프로그램화되면서 부산아시아영화학교와도 연계하여 사업을 진행하고 있다. 또한 2017년 한-아세안 문화교류의 해에는 부산국제영화제 기간에 FLY 영화제가 기획되기도 하였다. 약 110명의 졸업생 제작 작품 중 22개의 작품을 선정하였으며, 실제로 FLY에서 제작한 단편영화 10편도 함께 상영되었다.

아세안문화원이 부산에 있는 만큼 서로 연계하여 다양한 시너지 효과를 낼 수 있었다. FLY 영화제는 아세안문화원에서 앙코르 FLY 영화제라는 이름으로 재상영되기도 했다.

인적 성과도 있었다. 미얀마에서 가장 촉망받는 신진감독 자이 야 아웅(Zay Yar Aung) 감독이 FLY 출신이다. 2012년 필리핀에서 개최된 제1회 FLY 사업 교육생으로, 부산국제영화제 아시아영화아카데미, 베를린국제영화제 베를린탤런츠 등 세계적으로 인정받는 영화인 워크숍에 참여하였다. FLY 참가 후 만든 단편영화가 2016년 부산국제영화제에서 상영되었으며, 장편극영화 프로젝트 <어느 여름날(One Summer Day)>은 2017년 칸영화제 라 파브릭 데 시네마 뒤 몽드와 로카르노영화제 오픈도어스 프로그램에 초청되었으며 현재 제작 준비 중에 있다. 2017년 8월 미얀마 네피도에서 개최된 제2차 한-아세안 협력기금 설명회에 참석하여 본인이 경험한 사업성과에 대해 직접 설명을 해 미얀마 참가자들의 환호를 받기도 했다.

프로젝트로 진행되던 사업은 프로그램 방식으로 전환이 된다. 이후 '한-아세안 영화공동체 프로그램'으로 명칭을 변경하고 FLY 사업 외에 시나리오 단계의 프로젝트를 선정해 전문가 멘토링을 제공하고, 부산국제영화제 기간에 투자자들을 대상으로 해당 프로젝트를 소개하는 피칭 행사도 개최하는 FLY 필름랩 등 다양한 사업을 구성하여 아세안 영화산업 발전에 이바지하고 있다. 한-아세안 특별정상회의 성과로 한-아세안 영화기구 설립이 구체화되고 있는 만큼 부산영상위원회 사업이 아세안 영화 발전에 상당 부분 기여할 수 있으리라 생각된다.

가장 기억에 남는 사업: 아세안 유네스코
세계문화유산 Digital Heritage Contents 개발 사업
(문화유산기록보존연구소)

아무래도 가장 고생을 많이 한 사업이 가장 기억에 남는다. '아세안 유네스코 세계문화유산 Digital Heritage Contents 개발사업'이 그렇다. 아세안 10개국에서 나라별로 문화유산을 1개씩 선정하여 디지털화하는 작업이었다.

각 문화유산을 가상현실(Virtual Reality, VR)로 구현하여 체험하며 아세안 측에 이에 대한 기술 전수를 하는 것으로 사업이 구성되었는데, 눈에 보이는 성과물과 우리나라 첨단 기술이 접목되어 시너지 효과를 불러왔다.

사업 시작은 2017년에 개원한 부산 아세안문화원 내 전시실 구성 때부터였다. 전시실에 VR을 구현할 수 있도록 하였는데, 문화원에서 VR을 접한 사람들이 감탄을 연발했다. 아세안 내 기관에도 VR실을 구축해 줄 것을 요청해 왔다. 부산 아세안문화원 외에 인도네시아 자카르타 아세안사무국, 태국 방콕 아세안문화센터에도 문화유산을 VR로 체험하는 공간이 마련될 예정이다. 또한, 국립중앙박물관에서도 개편되는 아시아실 내에 아세안문화원 콘텐츠를 사용하겠다고 요청해 오는 등 사용 요청이 쇄도하고 있다.

선풍적인 인기를 끌던 VR 구현 사업은 급기야 2019년 한-아세안 특별정상회의 당시 10개국 정상에게 주는 주요 선물 목록 중 하나가 되었다. 각 사업의 콘텐츠 관리보다 운영 전반을 관리하던 나는 동 사업의 콘텐츠까지 꼼꼼하게 살펴야 했다. 나를 비롯해 외교부 관련자 전체를 긴장하게 만들었던 이 사업은 준비기획단, 대사관, 동남아 1·2과, 과장, 심의관, 국장, 차관보, 장관 등 모두가 신경을 쓴 덕분에 10개국 정상들이 흡족해한 소중한 선물이 될 수 있었다.

VR과 관련된 에피소드가 있다. 아세안문화원에서 개최된 한-메콩 정상 만찬 시 VR실이 1층에 있어 환송 시 대기장소로 사용되었다. VR실에서는 시현은 하지 않고 장비만 전시할 계획이었기 때문에 나는 세팅만 마무리하고 나가려고 했다. 당시 서정인 준비기획단장이 어떤 변수가 있을지 모르거니와 정상들을 마주할 수 있는 좋은 기회이기 때문에 내게 계속 남아있으라고 했다. 설마 무슨 일이 있을까 했는데, 메콩 정상들이 VR실로 들어서면서 기기에 관심을 보이며 시현해보길 원했다. 예상하지 못했던 상황에서 VR 장비를 플레이했다. 나와 문화유산기록보존연구소 김시로 부소장이 진행하며 설명을 했고 곁에서 지켜보시던 문재인

한-메콩 정상회의 만찬 시 메콩 정상들이 방문한 아세안문화원 VR실

대통령 내외분도 함께 설명하며 도와주었다. 무척 떨렸지만 역시 서정인 단장님의 촉은 항상 옳다고 감탄하며 화려하게 마지막 외교부 임무를 마무리할 수 있었다. 일을 준비하며 문화유산기록보존연구소 김시로 부소장님 외 많은 직원들에게 수시로 연락하며 괴롭혔는데 결과적으로 사업을 성공적으로 마칠 수 있어 고마운 마음이 크다.

2017년 아세안 언론인 방한 시 슈퍼주니어 인터뷰

외교부 시행 사업: 한-아세안 언론인 교류사업

한-아세안 언론인 교류사업은 외교부에서 직접 시행한 유일한 사업이라 남다른 애착이 있다. 한국에서는 외교부 출입기자 16명을 두 팀으로 나누어 아세안 2개국씩 방문하여 관계자 면담 및 시찰 등을 진행하고, 아세안에서는 국가별 3명과 아세안사무국 2명 등 총 32명을 한국으로 초청하여 약 일주일간 한국을 체험하고 역시 관계자 면담 및 시찰 등을 진행한다.

매년 주제가 다른데 문화가 주제이던 2015년도에는 슈퍼 주니어 이특을 인터뷰하기도 하였으며, 정치·안보가 주제였던 2016년도에는 DMZ, 평택 2함대 사령부(천안함 안보공원), 진해 해군사관학교 등 해군 안보 견학을, 2017년도에는 한-아세안 문화교류의 해이자 아세안 창설 50주년이 되는 뜻깊은 해인 만큼 풍성하게 구성되어 부산국제영화제와 FLY 영화제 참관, 평창올림픽 장소 시찰, 슈퍼주니어 인터뷰를 진행하기도 하였다.

여행사와 각 공관에서 많이 도와주었지만 하나부터 열까지 외교부의 두 전문관과 프로젝트 진행을 위해 채용된 인턴이 사업을 꾸려가야 했기 때문에 손이 많이 갔지만 한편으로는 너무도 재미있는 사업이었다. 친구 같은 아세안 기자들과 함께 다니면서 실제로 친구들과 여행가는 기분이 들곤 했다. 아마도 내가 아세안을 좋아하게 된 가장 큰 이유였다 해도 과언이 아닐 것이다. 사업 종료 후 기사들을 스크랩하면서 함께 다닌 기자들의 기사를 읽으며 우리가 한국을 알리는 데 작으나마 기여를 했구나 생각하며

2017년 아세안 언론인 방한 시 외교부 방문

뿌듯해하기도 했다.

　외교부 출입기자와 동행하여 아세안 국가를 방문한 것은 2013년과 2016년 두 번이었다. 사실, 기자에 대한 선입견이 있어서 출장 전 신경이 많이 쓰였는데, 역시 인복이 있는지 이렇게 좋을 수 있나 싶을 정도로 멋진 기자들과 함께 할 수 있었다. 2013년에는 첫 근무를 하고 몇 달 지나지 않은 시점에 간 것이었는데 아무것도 모르는 나를 기자들이 오히려

2016년 외교부 출입기자 태국 아세안문화센터 방문

이끌어주었다. 2016년에 함께 한 기자들은 아세안에서 항상 'Group Photo Time'을 가져 그룹명을 아예 GPT로 짓고 아직도 단톡방에서 교류하며 가족처럼 지내고 있다. 체계적 으로 업무분담을 하며 기사도 효율적으로 잘 써주었기에 외 교부 내부에서도 칭찬이 자자했다.

언론인 교류사업의 경우, 프로젝트 성격이 강한 사업이기도 하거니와 사업을 선정하고 관리하는 기관에서 사업을 직접 시행하는 것이 적절하지 않다는 판단 아래 외교부에서 직접 시행하는 것을 중단했다. 앞으로 다른 기관에서 할지, 다시 외교부에서 맡아서 할지 모르겠지만 직접 경험했던 내 입장에서 보면 정부기관과 언론 관계를 깊이 있게 배웠던, 기억에 많이 남는 사업이었다.

아쉬움이 남는 사업: 한-아세안 뮤직페스티벌(KBS)

애착을 가진 사업이 착수되는 것을 함께하지 못해 아쉽다. 기금 특성상 내가 직접 사업을 기획하는 일은 흔치 않은데 초반에 기금 운영을 프로그램화할 때 사업을 기획하고 사업자를 선정하는 방식으로 일을 추진하기도 하였다. 신남방정책이 나오면서 정부에서 원하는 사업들을 몇 가지 발굴하고 기관을 찾아 사업을 기획하는 기회도 생겼다. 운영방식 전환 과도기에 나온 사업 중 아세안 교원 장학사업과 한-아세안 뮤직페스티벌이 있었다. 이 중 뮤직페스티벌은 음악에 관심이 많은 나의 개인적 욕심이 담기기도 했다. 오랜 기간에 걸쳐 야심차게 직접 기획한 것이었던 터라 착수되는 모습을 보지 못하고 퇴사한 것이 못내 아쉽다.

한-아세안센터에서 신곡 발매 기자 간담회를 개최한 가수 전지윤

　한-아세안 뮤직페스티벌은 한-아세안의 실력 있는 뮤지션을 발굴하고 뮤지션 간 네트워크를 구축하며 아이돌 중심의 K-pop을 넘어 보다 다양한 음악 교류의 장을 마련하고자 하는 취지에서 기획되었다. 사업에 대한 대략적인 그림은 있었으나 전문가가 아니었기 때문에 기획하는 과정에서 많은 사람의 도움을 받았다. 가수 전지윤이 이 사업을 기획하였다고 해도 과언이 아닐 정도로 많은 도움이 되었다. 아이돌 출신으로 현재 싱어송라이터로도 활동하고 있는 만큼 음악이나 공연에 대해 이해가 깊었다. 지금은 절친한 동생이 되었다.

그 외에 인디 가수 빌리어코스티, 공연 기획 업체, 기획사 등 수많은 사람에게 조언을 구하고 사업을 구체화하였는데 문제는 사업을 실질적으로 실행해 줄 사업기관을 찾는 것이었다. 이 사업을 매년 개최되는 뮤콘(전 세계 음악 산업 관계자들을 초청하여 한국 대중음악의 해외 진출과 비즈니스 활성화를 돕기 위한 플랫폼 제공)에서 아이디어를 얻어 기획을 하였다. 2017년 당시 뮤콘은 한국콘텐츠진흥원과 MBC에서 진행하였다. 이에 따라 MBC 관계자에게 먼저 연락을 하였는데 뮤콘과 연계하기가 쉽지 않았고 MBC가 영리기관이었기에 광고로 기금이 투입되어야 해서 취지에도 맞지 않았다.

CJ문화재단의 튠업 뮤지션으로 선정된 빌리어코스티에게 아이디어를 얻어 CJ문화재단을 선택하였다. 그러나 CJ문화재단과 CJ 계열 방송국은 별개의 조직으로 방송과 연계하기가 쉽지 않았고 문화재단 자체 규모가 작아 사업을 추가로 진행하기도 힘들었으므로 CJ문화재단도 흐지부지되었다.

마지막이라는 심정으로 KBS에 연락을 하였는데 KBS에서도 임원진 교체 등의 이유로 많은 시간 뜸을 들인 후에 사업을 해보자는 연락이 왔다. 사업 취지에 맞게 인디 음악에 일가견이 있는 담당자가 사업을 맡게 되면서 드디어 사업을 추진할 수 있었다. 하지만, 사업 승인 과정에서 신남방정책으로 기금이 확대되고, 기금 운영방식이 변경되는 등 과도기에 접어들면서 승인이 지연되었다. 한-아세안 특별정상회의를 계기로 진행을 가시화하고자 했으나 결국 그렇게 되지 못하였다. 그리고 현재 코로나바이러스로 인해 공연이 계획대로 진행되지 못해 사업이 실제로 빛을 볼 수 있을지는 더 두고 봐야 할 것 같다. 지금은 멀리서 사업이 성공적으로 잘 운영되길 지켜보는 수밖에 없지만 개인적으로도 함께하지 못해 아쉬움이 많이 남고 KBS에도 미안한 마음이 크다.

원칙을 지키는 게 나를 지키는 일이다

다양한 사업과 다양한 시행 기관을 관리하면서 중심 잡지 못하고 흔들릴 때마다 어김없이 고비가 왔다. 너무 친절하게 받아주면 우습게 여기며 사업을 허술하게 진행하는 경우도 있었고, 너무 불친절하면 불친절하다는 불만을 우회적으로 터트렸다. 다년간 겪으면서 체득한 가장 중요한 원칙은 다소 불친절하더라도 명확하고 투명하게 사업을 진행해야 한다는 것이었다. 그러한 나름의 기준은 항상 옳았다. 기초적인 면담은 되도록 진행하지 않는 것을 원칙으로 하였고 모든 문의와 답변은 이메일로 받았다. 사업 진행 전에 면담을 진행하는 경우 상대방으로 하여금 당연히 사업이 진행된다는 그릇된 사인을 줄 수 있다. 또한 전체 면담을 진행하지 못할 경우 어떤 기관은 받아주고 어떤 기관은 안 받아준다는 오해를 불러일으킬 수 있으며 형평성에도 어긋난다. 면담이나 전화로 문의에 대한 답변을 하는 경우, 사업이 워낙 많기 때문에 내가 무슨 말을 했는지 일일이 기억하지 못하기 때문에 나중에라도 확인이 가능할 수 있도록 이메일로 소통하는 것이 가장 정확하다고 판단했다.

물론, 나에겐 사업 승인 권한이 없기 때문에 나를 면담한다고 해서 사업 승인이 성사되는 것은 아니다. 그런데도 불구하고 여러 경로를 통해 노골적으로 면담이나 사업 승인을 요청하는 경우가 있었는데, 예의를 갖춰 거절하는 일도 쉽진 않았다. 아세안 및 한-아세안 협력기금에 대한 기본 지식도 없으면서 노골적으로 사업비를 요청하는 경우, 내가 지닌 한-아세안에 대한 애정의 크기만큼이나 기분이 좋지 않았다. 그런 기관들은 결국 사업 제안서조차 제출하지 않고 끝까지 간만 보는 경우가 대부분이다. 현재 사업을 관리하고 있는 나의 동료들도 똑같은 고충을 겪고 있을 것이다. 그러나 투명한 일 처리만큼은 사람이 바뀐다고 해도 바뀌지 않을 원칙이기에 크게 걱정하지는 않는다.

제3부

아세안을 이해하다

제1장 아세안이라는 매력적인 늪

　지금까지 한-아세안 협력관계, 그리고 그러한 관계를 미래 지향적으로 이어주고 있는 한-아세안 협력기금 관련 업무와 관련해 실무 경험자로서 중요하다고 인식되는 사항들을 정리해 봤다.

　새로운 길을 만들며 힘들게 걸어간 선험자의 경험은 후임자들에게 좋은 지침이 될 뿐만 아니라, 한-아세안의 지속적인 관계 발전을 위한 실무 가이드북 차원에서도 실무자의 기록은 매우 중요하다. 사실, 부족한 필력으로나마 나의 경험을 글로 정리하고 책을 펴내야겠다고 결심한 가장 중요한 이유이기도 하다.

마지막 파트에서는 아세안의 중요성과 아세안이 지닌 매력에 대해 나름대로 간추려 보려 한다. 다만, 개인적 경험이다 보니 같은 실무자였더라도 입장에 따라 견해차가 있을 수도 있겠다. 하지만, 그 누구든 한-아세안 업무를 진행한 경험이 있는 사람이라면 궁극적으로 아세안을 이해하려는 의지가 마음속에 자리하고 있을 것이기에 별다른 이견은 없을 것이다.

외교는 주고받는 것

가장 우선적으로 꼽고 싶은 아세안의 매력은 '기브 앤 테이크(give and take)', 즉 어느 한 쪽의 일방적인 관계가 아닌 상호주의가 바탕에 깔린 관계라는 것이다. 전통적으로 아세안은 소위 계산적으로 주고받는 관계를 지양한다. 지양의 사전적 의미는 '더 높은 단계로 오르기 위하여 어떠한 것을 하지 않는 것'을 뜻한다. 외교가 일회성 소비재가 아닌

다음에야 장기적인 안목이 필요할 것이다. 내가 말하는 '기브 앤 테이크'는 계산적인 관계를 이야기하는 것이 아니라, 신뢰를 바탕으로 한 관계 속에서 서로가 지닌 잠재력을 최대한 이끌어주는 의미를 말하고 있는 것이다.

예를 들어보자. 아세안의 풍부한 관광 자원 덕분에 아세안은 우리나라 사람들이 가장 많이 방문하는 국가 협의체이다. 반대로, 아세안 내 한류 열풍으로 아세안 사람들 역시 한국과 한국 문화에 열광하고 있다. 그로 인해 한국 방문이 꾸준히 늘어나고 있으며 한국의 발전을 롤 모델 삼아 닮아가려 노력하고 있다.

또한, 아세안은 우리나라의 제2위 교역 대상으로 상호 교역을 통한 경제적 호혜관계를 이루고 있다. 아무래도 1차산업이 발달한 국가로부터는 농·수산물을 주로 수입하고 있으며, 우리나라에서 재배하기 어려운 열대과일과 풍부한 천연자원 및 직물 등의 수입도 많다. 한국은 아세안의 값싼 토지와 노동력을 이용하여 공산품의 생산기지로 이용하고 있으며, 장차 중국을 대체할 가장 유리한 입지를 갖고 있기에 점차적으로 아세안 시장에 대한 비중을 늘려가고 있다. 우리 기업의 진출이 활발해짐에 따라 원부자재 수출도 늘고 있다. 삼성전자의 경우 베트남 내에 휴대폰 1·2 공장을 짓고 휴대폰의 절반가량을 베트남에서 생산하고 있다. 이에 따라 삼성전자는 베트남 수출 및 고용에 크게 기여하는 베트남의 국민 기업으로 자리매김하고 있다.

우리나라의 대 아세안 공적개발원조(ODA)는 우리나라 전체 ODA의 약 30%를 차지할 정도로 막대한 규모이다. 실질적으로는 이러한 원조를 통해 아세안의 인프라 구축 및 개발 등에 있어 우리나라 기업 진출을 돕고 있다. 아세안은 앞다투어 우리의 개발 경험을 배우려 하고 있다. 아세안은 약 6억 5천만 명의 인구와 연 5%의 경제성장률을 기록하며 기하급수적인 발전을 이룩하고 있다. 제2의 한국으로 발전하는 국가가 아세안에서 나올 날도 머지않았다는 생각이 든다.

한국이 신남방정책을 주창하여 아세안을 중시하는 정책을 펼 때 아세안은 환호하였다. 한-메콩 협력 체계 격상도 우리나라보다 캄보디아에서 먼저 제안한 것으로 상호 관계 발전에 대한 그들의 강력한 의지를 확인할 수 있었다. 한국에 예외를 적용하면서까지 5년 단위로 한-아세안 특별정상회의를 개최하는 것만 보아도 그들이 우리나라를 얼마나 특별하게 여기는지 알 수 있다. 나는 '기브 앤 테이크'의 의미를 물질적인 것에 우선하는 마음의 '기브 앤 테이크'라 말하고 싶다.

세상에 사람만 한 매력은 없다

그다음 아세안의 매력을 말하라고 한다면, 나는 성실하고 친근한 사람들을 꼽고 싶다. 아세안은 '사람'을 중시하며 풍부한 인구와 노동력을 중심으로 발전을 이룩해서 그런지 무척이나 성실하며 그 성실함을 바탕으로 강력한 개발 의지를 드러내고 있다. 좀 과장되게 말하자면, 이렇듯 성실한 사람들이 6억 5천만 명이 모여 있는 곳이 아세안이다. 무엇보다 평균 연령이 29세로, 젊은 인력을 중심으로 한 잠재력이 풍부하다.

　내가 경험한 아세안 사람들은 한마디로 '순수' 그 자체였다. 그렇기 때문에 힘들게 일하면서도 아세안 사람들의 성실함과 의지, 또 감사할 줄 아는 마음과 긍정적 에너지를 보면서 힘든 시간을 견딜 수 있었다. 특히, 어느 정도 이상의 지위에 있는 사람들도 의전에 크게 신경 쓰지 않는 모습이 친근하게 느껴지기도 했다. 물론, 아세안 간 회의가 많다 보니 서로 자주 만날 수 있어 친근함이 생긴 탓도 있을 것이다. VR 체험 당시 정상들이 서로 친근하게 기계 장비를 주고받으며 격의 없이 웃고 대화를 나누는 모습에 많이 놀랐던 기억이 있다. 보통 의전이라고 하면 실무자 입장에서는 많이 부담되고 걱정이 되는 게 사실이다. 하지만 아세안 관련 행사에서는 부담이 덜했다. 의전에 있어 정도 이상으로 까다롭게 굴지 않고 사소한 일이 생겨도 크게 문제 삼지 않는 그들의 여유 있는 자세 때문일 수도 있을 것이다. 경호나 안전에 별문제가 없고 외교상 큰 결례가 아닌 경우 실무자의 사소한 실수를 문제 삼는 일은 없었다.

쉽게 꺾을 수 없는 10개의 화살 뭉치

마지막으로 거론하고 싶은 아세안의 매력은 공동체 유지와 발전을 위한 노력이다. 복잡하고 다양한 환경 속에서도 그들은 균형과 통일을 추구한다. 아세안은 인구, 면적, 인종, 종교, 문화, 경제 현황 등이 다양함에도 불구하고 하나의 목표를 가지고 그 안에서 '아세안 공동체'를 만들어가기 위해 조화롭게 나아가고 있다. 분쟁의 요소가 다분함에도 불구하고 서로를 이해하고 다독이며 하나의 공동체를 이루기 위해 끊임없이 노력한다.

아세안 각국의 영향력은 작을 수 있지만 10개국이 모이면 그 힘은 막강하다. 아세안 중에서도 비교적 작은 규모의 국가들, 이를테면 브루나이, 싱가포르 등이 GDP에서는 큰 나라들보다 앞선다. 개발격차를 줄이기 위해 노력 중이지만, 캄보디아, 라오스, 미얀마, 베트남 등 아세안 후발주자로

아세안 회원국 (정보: 2018년 기준)

자료출처: 아세안문화원

Brunei Darussalam

수도: 반다르스리브가완
인구: 약 43만 명
면적: 5,770㎢
종교: 이슬람(국교)
1인당 GDP: 33,824달러(2018, IMF)

_____

Kingdom of Cambodia

수도: 프놈펜
인구: 약 1,625만 명
면적: 181,035㎢
종교: 불교(95%), 기타(5%)
1인당 GDP: 1,485달러(2018, IMF)

_____

Republic of Indonesia

수도: 자카르타
인구: 약 2억 6,532만 명
면적: 1,904,569㎢
종교: 이슬람(87%), 개신교(7%), 천주교(3%),
　　　힌두교(2%), 불교(1%)
1인당 GDP: 3,789달러(2018, IMF)

_____

Lao People's Democratic Republic

수도: 비엔티안
인구: 약 677만 명
면적: 236,800㎢
종교: 불교(65%), 토속신앙(32%), 기독교(2%) 등
1인당 GDP: 2,690달러(2018, IMF)

_____

Malaysia

수도: 쿠알라룸푸르
인구: 약 3,245만 명
면적: 330,252㎢
종교: 이슬람(국교), 불교, 힌두교
1인당 GDP: 10,704달러(2018, IMF)

_____

아세안 전제 지표(2018년 기준)

인구: 약 6억 5,429만 명
면적: 약 448만㎢
GDP: 2조 9,863억 달러
자료출처: 아세안 개황(2019, 외교부)

The Republic of the Union of Myanmar

수도: 네피도
인구: 5,283만 명
면적: 676,578km²
종교: 불교(89%), 기독교(5%), 이슬람(4%) 등
1인당 GDP: 1,354달러(2018, IMF)

Republic of the Philippines

수도: 마닐라
인구: 약 1억 70만 명
면적: 300,400km²
종교: 천주교(83%), 개신교(9%), 이슬람(5%), 불교 및 기타(3%)
1인당 GDP: 3,099달러(2018, IMF)

Republic of Singapore

수도: 싱가포르
인구: 약 566만 명
면적: 718km²
종교: 불교(33%), 기독교(18%), 이슬람(15%),
    도교(11%), 힌두교(5%) 등
1인당 GDP: 61,230달러(2018, IMF)

Kingdom of Thailand

수도: 방콕
인구: 약 6,918만 명
면적: 513,120km²
종교: 불교(95%), 이슬람(4%), 기독교(1%)
1인당 GDP: 7,084달러(2018, IMF)

Socialist Republic of Viet Nam

수도: 하노이
인구: 약 9,458만 명
면적: 330,341km²
종교: 불교(12%), 천주교(7%) 등
1인당 GDP: 2,553달러(2018, IMF)

일컬어지는 국가들의 분발이 좀 더 필요한 상황이다. 서정인 대사는 아세안 국가들을 형제에 비유하곤 한다. 뒤처진 형제들을 서로 이끌며 가족 모두가 함께 성장하기 위해 노력하는 가족이라고 표현하기도 했다.

싱가포르, 브루나이 등의 부국의 역할도 중요하지만 인도네시아, 태국과 같은 중견국가의 역할이 중요하다. 특히, 태국은 메콩강을 공유하는 4개 국가와 함께 2003년 출범한 '이야와디 차오프라 메콩 경제협력전략(AMECS: Ayeyawady-Chao Phraya – Mekong Economic Cooperation Strategy)'을 주도하며 메콩강을 성장의 발판으로 만들고 있다.

2015년 단일시장, 단일 생산기지를 목표로 한 아세안 경제공동체 출범 이후 10개국이 한 개의 국가로 합쳐졌다. 인구와 영토가 급격히 증가하였고 이에 따른 지정학적 중요성 역시 더욱 증가하게 되었다. 아세안 선발주자들을 중심으로 개발격차를 완화하기 위한 다양한 노력들이 있었고,

메콩강을 공유하는 국가들은 놀라운 경제성장을 이룩하며 아세안의 경제적 중요성을 더욱 부각시켰다. 또한, 아세안은 태평양과 인도양의 중간에 위치하고 있을 뿐만 아니라, 남중국해는 세계 무역 교역량의 1/3이 통과하는 곳으로 지정학으로도 매우 중요한 곳이기도 하다.

정치적으로도 위상이 달라졌다. 10개국이 모여 미국, 중국, 우리나라 등의 선진국과 동등한 위치에서 협의한다. 반대로 선진국에서는 아세안을 자기 쪽으로 만들기 위해 다양한 러브콜을 보내곤 한다. 우리나라가 아세안을 우리 편으로 만들기 위해 다양한 노력을 하는 것도 한반도 문제를 논의함에 있어 10개국이 모여 있는 아세안을 간과할 수 없기 때문이다. 하나의 화살은 꺾기 쉬워도 10개의 화살이 모인 화살 뭉치는 쉽게 꺾을 수 없다는 옛날이야기처럼, 이제 아세안은 누구도 함부로 대할 수 없는 힘을 가진 연합 조직으로 성장했다.

제2장 아세안, 따로 또 같이 걸어가는 동행자

　지금까지 살펴본 바와 같이, 아세안은 무궁무진한 매력과 잠재력을 가지고 있다. 아세안이 세계의 중심부로 진입하는 날도 그리 멀진 않은 듯하다. 2030년에는 아세안이 세계 4위의 경제권으로 부상할 것이라는 전망이 나오고 있다. 이렇듯 그 잠재력이 어마어마한 아세안이지만 아직 우리나라 사람들의 아세안에 대한 인식이 부족한 것 같아 아세안을 사랑하고 관련 업무를 진행한 사람의 입장에서 다소 아쉬움이 있다. 이 책을 통해 그와 같은 인식이 조금이나마 바뀌어 아세안과 우리나라가 진정한 동반자가 되기를 희망해본다. 그런 의미에서 한-아세안 관계 증진과 미래지향적인 관계 설정을 위한 마지막 바람을 몇 가지 적어보고자 한다.

첫째, 아세안을 EU와 같은 인식으로 대했으면 좋겠다. 우리나라 국민 대부분이 EU가 무엇인지, 또 그 영향력은 어느 정도인지 웬만큼 인식하고 있다. 그런데 아세안은 그저 하나의 국제기구나 회의체로만 인식하는 경우가 적지 않다. 아세안 개별 국가를 대하는 데 있어 우리보다 못 사는 나라라고 무시하는 일차원적인 자세를 이제는 바꿔야 한다. 주지하다시피 이제 아세안은 막강한 하나의 결합체가 되었으며, 우리나라는 그들과의 협력을 통해 다양한 정치·경제적 이익을 실현할 수 있다. 무엇보다 아세안의 국제적 영향력이 과거와는 비교할 수 없을 정도로 커졌음을 간과해서는 안 된다.

둘째, 우리 생각보다도 빨리 우리는 아세안에 가깝게 다가가 있음을 인식해주기 바란다. 어쩌면 우리 몸은 이미 아세안들과 하나가 되어가고 있는지도 모른다. 우리가 즐겨 먹는 베트남 쌀국수, 태국식 볶음면 팟타이 등과 베트남,

베트남 쌀국수 (레스토랑 : 도곡동 안남)

인도네시아산 커피는 이미 우리의 입맛을 길들여가고 있다.
또한, 코로나바이러스 영향으로 여행이 중단되긴 했지만,
우리가 즐겨 찾았던 휴양지를 떠올려보자. 인도네시아 발
리, 말레이시아 코타키나발루, 필리핀 보라카이 그리고 세
부, 태국의 파타야와 푸켓, 베트남의 다낭 및 나트랑 등은
모두 아세안의 멋진 휴양지들이다. 이뿐만이 아니다. TV

프로그램인 '꽃보다 청춘' 촬영지 라오스, '윤식당' 촬영지 인도네시아 길리섬 등도 우리의 흔한 주변 여행지 같은 느낌이 든다. 나도 모르는 사이에 내 안에 친근하게 다가와 자리 잡은 아세안은 이제 우리나라와 떼려야 뗄 수 없는 관계가 되어 버렸다. 코로나바이러스 상황이 종식되면 아마도 먼 유럽이나 미주보다 시간적으로도 가깝고 비용면에서도 유리하며 심리적으로도 안전하게 여겨지는 아세안에 대한 여행 수요가 대규모로 증가할 것이다.

마지막으로, 아세안과 협력할 기회가 있는 개인이나 조직, 기업이 있다면 보다 적극적으로 아세안과 친해져 보길 권하고 싶다. 앞에 소개한 한-아세안 협력사업 제안에 직접 참여하는 방법도 있을 것이고, 실제 사업을 수행하는 기관이 참가자를 모집할 때 신청하여 참여하는 방법도 있을 것이다. 또한, 한-아세안센터, 부산 아세안문화원에서 실시하는 다양한 행사에 관심을 가지고 참여하는 것도 하나의 방법이 될 수 있다. 이 외에도 정부기관이나 민간기관에서 주최하는 다양한 행사들을 통해 아세안을 느끼고 직접 경험

2017년 한-아세안센터 주최로 개최된 '아세안 음식 축제'

할 수 있는 길은 많다. 아세안과 친해지는 가장 쉬운 방법은 주변에 있는 아세안 음식들을 맛보고 직접 여행하는 방법 (물론, 코로나바이러스가 상황이 종료된 후)일 것이다. 긍정적이며 친절한 아세안 사람들이 기다렸다는 듯이 두 팔 벌려 환영해 줄 것이다. 아마도 기대보다 더 큰 기쁨을 돌려받게 될 것이다.

매년 개최되는 한-아세안 스타트업 위크 담당자인 김혜지 한-아세안센터 과장 (학교 동기로 취업 준비 시 내가 한-아세안센터를 적극 추천하였다.)

앞으로도 내가 느낀 아세안의 매력을 널리 알리며, 사람들이 더욱 아세안에 친근하게 다가갈 수 있도록 하기 위해 다양한 방면에서 지속적으로 노력할 것이다. 이 책을 통해 아세안에 대한 독자들의 이해가 좀 더 깊어졌기를 바라며, 아세안 사람들에 대한 느낌 또한 더욱 친밀해졌으면 좋겠다.

못다 한 이야기는 '아세안랩' 블로그에서 이어갈 생각이다.

아세안랩 블로그
blog.naver.com/aseanlab

아세안랩
ASEAN LAB

ⓒ김시은 2020

초판 1쇄 발행 2020년 8월 8일

지은이 김시은

펴낸곳 도서출판 가쎄 [제 302-2005-00062호]
주소 서울 용산구 이촌로 224, 609
전화 070. 7553. 1783 / 팩스 02. 749. 6911
인쇄 정민문화사

ISBN 978-89-93489-98-9 03340

값 15,000원

www.gasse.co.kr
berlin@gasse.co.kr